天子的家奴

一本書說盡太監那些事

楊書銘——著

前言

無根之根——歷史上最為另類的一群人

太監又稱宦官，或者叫閹人，閹人這個稱呼有點「損人」，帶有鄙夷的口氣，直接諷刺他們的生理缺陷，未免有點過分了。因為大多數太監都是被生活所迫才去閹割的，並不是他們自己的主觀意願。

太監大約產生於春秋戰國時期，從此綿延於歷朝歷代，直到明朝達到頂峰，人數竟有十萬之多。到了清朝，按照法律定制，太監人數設置為兩千兩百一十六名，但實際上，並不僅限於這個人數。

太監這群不是男人的男人，在整個封建時代，隨著職權的演變還出現了其他許多稱呼，如：寺人、閹人、閹官、宦者、中官、內官、內臣、內侍、內監、內宦、中涓、內豎、中貴人等，不一而足。

其實嚴格而論，宦官與太監、閹人之間還是有細節上的差別。

在東漢以前，宦官並沒有規定要閹割，正常人也可以當宦官，專門服侍宮中皇家成員，包括皇帝，皇子、皇后、皇妃等。因此，宦官並非全是閹人。在唐朝以前，宦官與太監是兩個概念，太監只是個官職，屬於內監。內監分太監和少監兩種，太監則是宮中地位較高的內監的稱呼，任何身分的人都可以擔任。唐高宗時，開始用宦官這群閹人充任太監之職；到了明朝，宦官權勢不斷膨脹，人們不得不以官職尊稱宦官。久而久之，老百姓也就把太監當作宦官的代名詞，但在大眾口裡卻不無貶義。

從春秋時期歷史上第一位太監豎刁，到清朝的大太監李蓮英，太監的趨炎附勢、奉承巴結、陰險狡詐、惡毒兇狠等「天賦」逐漸暴露無遺。他們曾因為遭受過非同常人的生理傷害，往往會造成畸形的變態心理；他們追逐權力、犯上謀亂、殘害臣良，簡直是無惡不作，致使太監這個群體在歷史中聲名狼藉，令人不齒。

太監這樣的群體之所以會出現在古代的政治舞臺上，起因並不難解釋。在整個皇宮內苑中，除了皇帝與皇子是男性外，其他成員上自太后、太妃，中到皇后、寵妃，下至宮女、丫鬟都是女眷，「男服務員」如果出入宮闈，很難保證不會發生男女淫亂之事，為了杜絕這一現象，就出現了太監。

所以，正常人要想當太監，首先就要割掉生殖器，通常稱為「淨身」，從而成為「六根不全」的人。歷史上不少太監都是在童年的時候被閹割，沒有經過青春期第二性徵發育過程，通常沒有鬍鬚、喉結等男人氣質，致使這些人在相貌上與常人明顯不同，往往會受到世人的嘲笑。

從歷史上看，太監的「後備軍」往往有三個來源：

1.國內受宮刑的罪犯或戰爭後被淨身的國外俘虜。

2.朝廷招錄，各地方上貢給中央的奴僕。

3.主動自宮。

對第三類太監來源需要稍作解釋，儘管政府曾禁止民間私自閹割幼童，但是民間不少貧苦人家難以承受多子女的家庭負擔，或者是那些貪圖榮華富貴卻沒有門路的人，就會透過這個途徑進宮成為太監。這群人在歷史中並不算少，非常普遍，有時甚至形成競爭。

太監的本職工作就是安分地做皇家「保母」，上班的「單位」就是皇宮，但終生也只能被「埋沒」在這座豪華的辦公大樓裡。太監與其他大臣都屬於「國家公務員」，但太監與其他臣子的「分工」不同之處在於：諸臣的職業範圍是政治工作方面，太監的職業範圍在生活方面。

但到了明朝，宦官制度和權力已經發展到無以復加的地步，皇宮裡的太監職門分為十二太監、四司、八局，總稱為「二十四衙門」，其中最高等級的是司禮監掌印太監，「無宰相之名，卻有宰相之實」。到了明朝中後期，太監權力不斷升級，兼有出使、監軍、鎮守、偵查等行政權力。

太監做為帝王與後妃的奴才，充當終身「男保母」，為他們長年服務，從而支撐著帝王之家；皇宮大殿的金碧輝煌，也提供給統治階級優越舒適的生活品質。其中一些人不甘心長期處在這樣卑微的地位，在慾望和野心的驅使下，他們不僅涉足於帝王貴族的生活中，而且常常也僭越職權，涉足於險惡的政治紛爭裡，其中最突出、最嚴重的就是漢朝、唐朝以及明朝這三個王朝。

倚仗皇帝對自己的寵幸，很容易就出現了一批干權亂政、氣焰囂張、飛揚跋扈的太監，這群人被史學家稱為「權宦」，或者「權閹」。權宦對於政府，甚至對整個國家和社會都造成了嚴重的損害，甚至亡國，比如漢朝的滅亡就是因為宦官專政的結果。

除了僭越本職干涉朝政之外，還有一些特殊的太監，有皇家宮廷歌手，如漢武帝時的李延年；也有作家，如西漢的司馬遷；有科學發明的，如東漢的蔡倫；也有外交家，如明朝的鄭和……他們算是太監中的「另類」，因而在歷史中顯得格外醒目。

從國際眼光來看，太監並不是中國的「土特產」，在古代埃及、古希臘、羅馬、土耳其，甚至整個亞洲都曾出現過太監和太監制度。不過相較之下，中國的太監制度與規模卻堪稱蔚為大觀，這對中國傳統文化制度而言，不知是幸還是不幸？

自序

太監如何「煉」成？

太監，就是在皇宮裡打雜的，是一群被閹割生殖器、失去男性特徵的男人。

說起太監這樣一個「第三性」群體，在常人的印象裡，他們長著男人的頰骨卻不是男人，沒有鬍鬚卻不是女人，嗓音尖銳，聽起來十分詭異；他們和皇帝的關係無比好，且爪牙遍地，手眼通天，而且陰險狠毒、狡詐無比，總是陷害忠良，攪亂國政。

太監彷彿沒有一個好東西，漢有十常侍，唐有仇士良，宋有童貫，明有魏忠賢，清有安德海，說起這些人，讀者無不痛罵連聲。而著名的「黨錮之禍」、「東林黨爭」等事件，也給這個群體戴上了一頂醜陋至極的帽子。

在中國古代，太監就是皇帝家奴，皇帝最高貴，而太監最低賤，但是皇帝和太監卻是相伴相生的，可以說是一個硬幣的兩面。離皇帝最近、伴隨皇帝時間最久的人就是太監，皇帝最信任的人往往也是太監。皇帝對所有人都有生殺大權，但是在一些時候，太監卻能掌握著皇帝的廢立和生死。說到底，太監就是皇帝的影子，這也就是皇帝為什麼信任太監的原因。

那麼，太監究竟是一群怎樣的人？他們又是用了什麼樣的「魔法」左右皇帝，而為所欲為？我們只有透過對太監的全方位瞭解，才能對歷史有另一類的解釋，對人性有另一種角度的思考。在謾罵、譏笑他們的同時，也可以看到，在他們身上，也有我們這群正常人的影子。

接下來，再說說他們為什麼要做太監。

太監原本是遭人鄙視的，所面對的是生理的缺陷、卑賤的地位、家庭的排斥及社會的歧視；在封建社會，家族中出了一個不男不女的「公公」，是整個家族的恥辱，甚至沒有資格入祖墳。因此，沒人願意平白無故挨那麼一刀。做太監的人大多都是迫於無奈、窮得活不下去，為了混一口飯吃，忍痛割愛，淨身入宮，有的則是被判處了宮刑。還有一少部分是看到太監擁有令人目眩的權勢和財富，進而由鄙視而欽羨，由欽羨而效仿。一些世代輾轉於貧困而無法改變自己命運的人，一些天性懶惰而又不安於本分的人，一些無緣於科舉而又祈望出人頭地的人，便紛紛自宮而進入宮廷。

那麼，怎樣才能成為太監呢？

對於這個問題，你也許會一笑置之，心想：「很容易嘛，一刀割了嘛！」

其實，想成為一個太監，絕非挨一刀那麼簡單。

從一個曾經走訪過北京城老太監的記者筆下，我們可以看到太監是如何「煉」成的——

首先，帶著禮物（最簡單的見面禮是一個豬頭、一隻雞或一罐白酒）找到手術高明的淨身師（俗稱「刀兒匠」），否則一刀下去血肉模糊，再來個破傷風、大失血，買賣就虧大了。接著，拜淨身師為師，從此以後，無論這個太監如何飛黃騰達，都必須孝敬師父。拜師完畢，簽合約，叫上街坊鄰居，大家一起作證，說自願淨身，閹死不賠。

寫完了，簽字畫押，然後交錢，動手術。

手術的過程自不細表，總之異常血腥和殘酷，就像過了一道鬼門關，搞不好命都丟了。

至於割下來的玩意兒，由淨身師保管，放入盛滿石灰的盒子裡，同時放進去的還有簽的那一紙合約，然後用紅布包好，掛在房樑上，寓意是叫做「紅布高升」，「布」同「步」，祝願這個新太監今後能發跡。

等這個太監老了以後，即便是花重金，也會拿回自己的「骨肉」。

可是這麼悽慘的處境，為什麼中國幾千年來，歷朝歷代總是有太監的影子呢？

讓我們繼續看下去……

目錄

第二章　太監的第一個黃金時代

第三章 權閹的巔峰時刻

第四章 伺機待發的潛伏期

第五章 去勢者的最後瘋狂

第一章 零星出場的早期宦官

1 「東方不敗」鬧春秋——豎刁

金庸小說裡的東方不敗，為了練絕世武功勇敢地「自宮」，這僅僅是虛幻的小說情節，殊不知歷史中真的竟有這樣的「勇士」，為了贏得國君信任，不惜將自己閹割，從而「有幸」成為中國歷史上的第一位太監。此人開了中國太監先河，堪稱太監的「鼻祖」。

這個人就是春秋時期齊國最得勢的太監豎刁。但這個太監並不姓豎，而姓貂，史書上不屑記他的大名，因而他的名字在歷史上早已湮沒無聞。「豎」是「豎子」的意思，放在姓前，是後人對他的蔑稱；大家把他的姓改為「刁」，則暗含「刁民」的意思，可見這個人在歷史上有多麼齷齪，其名聲已經臭到極致。

豎刁的宦官生涯最早記錄在《左傳》裡。

最初，豎刁沒有任何文憑和資歷，他很難有機會進入中央機構，想成為「國家公務員」，對他而言完全是白日夢。不過，他是個有野心的人，明白要想爬進權力中心，就不得不付出相應的代價，甚至在關鍵時刻還要不惜犧牲自己。

豎刁有一位同事名叫易牙，其本質與豎刁是一路貨色，不過更有「膽識」。齊桓公的飲食每日都是珍饈佳餚，而且每餐都沒有「雷同」的菜單，但幾年下來也把這些山珍海味都吃遍了。齊桓公找不到新鮮食品，總抱怨自己吃飯沒有胃口。為了讓齊桓公嚐到新鮮的美味，易牙一咬牙，就將自己尚在襁褓的兒子烹煮了，做為一道獨特的「風味小吃」進獻給齊桓公。由此，易牙成為了齊桓公的親信。豎刁聽說後嫉妒得要死，不僅感覺自己丟了面子，而且心裡非常怨恨這傢伙怎麼搶了自己風頭。

為了向主子顯示自己的忠心耿耿，只有用實際行動表達。豎刁終於想出了更狠的一招，果斷地向自己下手——揮刀自宮。他為什麼要來這一狠招？他抱著「要想成功，必先自宮」的想法，其實不難理解，利用這樣慘烈的「壯舉」就是想讓齊桓公知道自己有何等的毅力和忠誠，證明自己只會全心全意地伺候齊桓公，絕不會在宮裡亂搞主子的女人。皇天不負有心人，既然表達了自己無比的忠誠，他立即就得到了齊桓公的信任，被提拔到宮裡做貼身「男保母」。這個主動「獻身」的馬屁精終於如願成了一名太監，得以整天跟隨在齊桓公身邊。

不過齊桓公身邊有正直的宰相管仲，幫他打理朝中事務，政壇上較為穩定清明，這些宦官奸臣只能小打小鬧，難成氣候，暫時還影響不到國家安危。但是管仲現在年紀大了，一場感冒就使他身患重病，臥床不起。齊桓公來看望這位老臣，順便向他詢問宰相的接班人選。

齊桓公主動提議讓管仲的老朋友鮑叔牙來擔任相國，不過管仲認為老朋友人品沒話說，但政治能力欠缺，就沒有答應。接下來，齊桓公提議讓自己的寵臣豎刁擔任宰相，管仲直接拒絕說：「這個人曾經為了討好君王，不惜殘害自己身體，簡直不合人之常情，這樣一個連自己都不憐愛的人，怎麼可能忠君愛國呢？」對於易牙等其他寵臣的提議，管仲都同樣予以否定。

豎刁聽說了這個消息，對管仲懷恨在心，心裡盤算著將他排擠下臺，就跟易牙串通起來，在齊桓公身邊說他的壞話。豎刁對齊桓公說：「一個國家都是由君王發號施令，做臣子的只有遵照吩咐執行的份。您現在對宰相管仲卻張口一個仲父，閉口一個仲父，向他請教國家大事，這會讓人們以為齊國沒有國君呢！」

不過齊桓公還算明智，沒被這夥小人呼隆住，對管仲仍然保持一如既往地信任。豎刁見這招不起作用，接著又實施了許多陰謀計畫，但都沒有奏效。

沒聽從這些小人的讒言，不等於齊桓公就會聽從宰相的忠告，豎刁這些奸臣一直包圍在他身邊。等到管仲去世之後，朝中失去了樑柱，也就沒有直言進諫的忠臣，豎刁這些寵臣趁機占據了權位。

西元六四四年，西戎國起兵造反，攻打周王朝，周王向齊國告急，發出求救信號。齊國單憑一國之力沒有十足把握，但聲望一直存在，便要求其他諸侯國派兵前來支援，諸侯國紛紛響應。不幸的是，剛過了一個新年，齊桓公就身患重病，命在旦夕。

每個朝代，宮中一旦到了這種時候，往往很難安寧，齊國也不例外。齊桓公的五個兒子紛紛率領各自的黨羽開始行動，爭奪領導權。儘管按照古代政治遊戲的「潛規則」應該是老大繼承王位，但「槍桿子裡出政權」永遠是一句真理，最高權位最終還是要靠能力爭取。大家都明白，誰最賣力拼命，誰的機會就會最大，這五個兒子互相爭得頭破血流，齊國宮廷一片混亂。

鷸蚌相爭，漁翁得利，那些寵臣開始密謀趁火打劫，太監豎刁就是其中的「佼佼者」。這位「男保母」伺候了主子大半輩子，到了關鍵時刻就袖手旁觀，甚至是落井下石。豎刁把得病的齊桓公關在一間黑屋子裡，不給飯吃，每隔幾天就過來看他死了沒有。一週下來齊桓公餓得只剩下皮包骨，奄奄一息，面相慘不忍睹，只好用寬大的袖子把自己的模樣遮住。到了第二週，齊桓公就活活餓死了，可是那些兒子還在你爭我奪，誰還顧得了自己的老子是死是活。

豎刁這些寵臣見風轉舵，擁立公子無詭繼承王位，公子昭被逼逃往宋國，其他兒子被圍困在大殿裡。豎刁帶領著軍隊開始血洗大殿，將這些王子、王孫和不利於自己的權臣紛紛予以剿滅，不留活口。

刀光劍影之後的宮中開始太平了，這時齊桓公的屍體在寢室裡已經存放六十七天，大家似乎都忘記君王駕崩這件事。當刺鼻的屍臭散發出來時，大家這才不得不為齊桓公辦喪事。史書上描述，此時齊桓公的屍體早已腐爛，蛆蟲爬滿了整個房間各個角落，臭氣薰天，這個場面發生在皇宮裡，是在歷史上絕無僅有的。

在新任領導無詭的任命下，朝中有兩個炙手可熱的權臣，一個是寵臣易牙，另一個就是太監豎刁。擁護新政權和屈從這兩個權臣的可以保住性命，其他不服從的「硬骨頭」只能是人頭落地。豎刁與易牙兩人聯合起來，將朝中其他正直的忠臣進行了一場「大清洗」，剩下的全是阿諛逢迎的小人。

逃亡在宋國的公子昭並不僅僅是避難，而是與宋襄公處理好關係，伺機復仇。西元前六四二年，公子昭藉助宋國軍隊進逼齊國，搶回王位。易牙想要建功炫耀一下，帶兵出城迎敵，讓老臣高虎守城，豎刁在城中坐等消息。高虎早已對太監豎刁極度不滿，趁此機會演了一場「鴻門宴」，假借商量政事邀請豎刁進宮。豎刁還以為是自己面子大，隻身一人就興奮地跑來了。不料剛坐在會議桌前，手持武器兵甲的侍衛從周圍突然冒出，二話沒說就把豎刁剁成肉泥，一代太監就這樣死於非命。

接著城中發生內亂，老臣帶兵打開城門將公子昭迎進，不用說，無詭的王位就不保了，因為他很快就腦袋搬家，齊國換了新一代領導人。易牙則向魯國逃亡，開始了悲慘的逃亡生涯。

煮酒論史

中國早期沒有太監，只有「閹人」。西周王朝建立後，《周禮》中就有了閹人到宮中服雜役的記載，但是他們的工作遠遠沒有後世的宦官、太監那麼風光，僅限於看守宮門、傳話報事、打掃宮殿、侍奉飲食等雜務。閹人雖然身分低賤，卻是「近水樓臺先得月」，離權力中心只有一步之遙，甚至就在權力中心裡面做事。

在春秋時代，出現了閹人專權的情況。

第一個非常有名的弄權閹人，名字叫豎刁，他是齊桓公的貼身內侍。能榮幸成為歷史上第一位著名閹人，豎刁也算是具有「開創性」的人物。

他先是對齊桓公百般奉承，連自己的命根子都不要了，最後卻對這位主子落井下石，小人的面目呈現得淋漓盡致。

為了達到目的而不擇手段，這是小人慣用的伎倆。豎刁的揮刀自宮為後世太監做了一個「榜樣」，比如明朝的權閹王振、魏忠賢等都是主動自宮才得以成為太監的。

管仲一眼看穿豎刁心懷叵測，一個人連自己身體都不珍惜，怎麼還會珍惜別人？這樣的人既不會是一個好的臣子，也不會是好的朋友。

事實證明管仲的論斷，囚禁主子、製造血腥宮廷政變，也只有這樣曾經對自己狠下辣手的人能做到。

2 想給皇帝當繼父——嫪毒

嫪毒這個人在《史記》中被司馬遷描述為「大陰人」，其實就是暗示他是一個性功能極其旺盛的人，因而被舉薦為皇太后的男寵。

照理說，這個人不算是太監，但他卻是以太監的身分進宮，儘管他沒有太監之實，但在歷史中卻有太監之名。所以他有雙重身分：太監與男寵。

舉薦嫪毒進宮的人就是呂不韋這個大商人，不過這時呂不韋早已不做生意了，他現在是秦國的宰相。呂不韋將自己從一個生意人最後「經營」成了堂堂相國，的確了不起，但他的成功卻是因為利用了自己的老婆趙姬。

趙姬自從被老公送給了當年被稱為「異人」（即後來的秦莊襄王）的「趙國人質」，就機緣巧合地成了莊襄王的女人、秦國的王后、嬴政的母親、呂不韋的上司，也是嫪毒未來的情婦。

不久，莊襄王病死，十三歲的嬴政即位，趙姬被尊為太后，呂不韋輔佐自己的兒子代理朝政，一時權勢炙手可熱，被嬴政稱為「仲父」。

趙姬當了王后，也沒有跟「前男友」呂不韋斷絕關係。以前是因為莊襄王太差勁了，不能滿足她的生理需要；現在失去「法定」丈夫，年輕的太后更是飢渴難忍，所以呂不韋常常暗地裡被「臨幸」。呂不韋是她的下屬，自然不敢違命，不過他知道分寸，明白一旦這種桃色醜聞暴露，不但前半生的心血白費了，甚至連自己腦袋都可能不保。為了迴避這種被「應召」的窘境，嫪毐出場了。

嫪毐這位「大陰人」被呂不韋發現，很快就成了他的「替身」。不過嫪毐明顯是個「純男人」，而且體格強壯，沒有進入內宮伺候太后的機會，所以嫪毐怎樣才能進宮是個問題。

首先，呂不韋讓嫪毐尋機向太后表演他的「絕活」，讓趙姬知道這個人的「雄風」，從而激發她的「性趣」。結果也真的如此，很快就勾起趙姬據嫪毐為己有的慾望。下一步就是轉換身分的問題，呂不韋施展了一個小伎倆。他讓人故意狀告嫪毐犯罪，判處他宮刑，不過這只是表演給外界看的，實際內部操作被呂不韋控制，嫪毐並沒有被真正閹割，只是按要求被拔光了鬍子和眉毛。然後他就被貶在宦官隊伍裡，從而得以接近和伺候太后。

從此，嫪毐就以合法身分守在太后身邊，成為她的洩慾工具。果然這個「大陰人」不負眾望，太后非常滿意，對他是「絕愛之」，一刻都離不開。呂不韋這才覺得還是有替身好辦事——再也沒有太后的糾纏，這下心裡也就輕鬆踏實許多。

可見女人常常在肉體上依賴男人，性愛是個核心因素，因而太后對嫪毒產生了某種難以割捨的「情愛」。嫪毒也領悟到男人要征服女人，床上功夫可是最關鍵的資本。因而，開始以一個忠心耿耿的奴才身分為太后「服務」，經過日日夜夜耳鬢廝磨，兩人之間的關係就深化了。

讓呂不韋始料未及的是，當他把太后的性伴侶角色讓給自己的替身之後，也將權力的重心移交給了嫪毒，嫪毒的身分和地位上升了。這一點首先表現在，趙姬已經不再像對待其他男寵一樣，將嫪毒僅僅當作洩慾工具，而是給他懷了孩子。這就很不一般了，兩人已升溫到情侶關係。

太后的肚子一大，嫪毒與她就感覺不安全了，必須找個僻靜的地方，躲開人們的視線才行。為了掩人耳目，太后假裝請人給她占卜，故意說是為了避災，需要搬到咸陽城外的雍宮居住，這個理由看來還可矇混過關。

嫪毒做為太后的隨從，也跟著一起住進了雍宮，兩人在這裡也樂得清淨自在。當時太后還掌握著兒子嬴政的權力，便對嫪毒隨意賞賜，甚至還把政事的決策權交給他。

嫪毒的「孽種」一生下來，他的權勢就開始迅速膨脹。在嬴政正式登基處理朝政的前一年，嫪毒就被太后提拔為長信侯，擁有私人的宮殿別墅、良田車馬，接著又把河西太原郡改稱為「毒國」，嫪毒便成了一方侯土。很快，嫪毒的府邸門庭若市，據說他家裡童僕上千人，四方各地許多人紛紛巴結嫪毐，向他求官。

以前太后遇到政事裁決，經常聽從呂不韋的指示，現在完全相反，呂不韋已經完全被替換了，嫪毐成了「當家作主」的人物，秦國的權柄幾乎被他掌握了。此外嫪毐更有野心，一場政治陰謀正在醞釀，太后與嫪毒暗地策劃：「秦王如果死亡，就讓我們的兒子做繼承人。」

不過這也是非常危險的事，權力永遠是宮中激烈競爭的對象，嫪毐僅僅憑藉的是趙姬這個女人，而且他的兒子一旦被人發現，很快就成了顯眼的禍患。呂不韋沒資格來干涉太后的私事，但逐漸長大的嬴政卻不是可以被欺負的「乖乖男」，在他眼裡，這可影響著自己一國之君的尊嚴和秦國的國際聲譽。

嫪毐現在不但握有重權，又自恃是嬴政的「乾爹」，在某天喝得酩酊大醉後，對著一個自己很不滿的大臣叫囂說：「我是秦王的假父（差不多就是「準父親」的意思），你竟然吃了豹子膽敢惹我！」這個大臣被從前的太監斥責，覺得很沒面子，回去後就向嬴政告發。年輕的秦始皇一發火，嫪毐也就慌了，只好先下手為強。

西元前二三八年，嬴政來到雍城蘄年宮舉行冠禮，嫪毐拿著早已盜來的秦國玉璽和太后玉璽進行兵變，矛頭指向年輕的秦王嬴政。不過嬴政可沒有那麼「蠢」，早就做好了八面埋伏，就等嫪毐自投羅網。嫪毒被嬴政圍困，衝出包圍後又急著攻打咸陽宮，但這裡也早做好軍事部署，嫪毒這時就像喪家之犬，開始踏向逃亡之路。此時嫪毒正逼近窮途末路，因為嬴政早在全國發布通緝令：活捉嫪毒者賞錢百萬，殺死嫪毒者賞錢五十萬。

通緝犯嫪毒很快就被活捉，年輕的秦始皇果斷地「賞」他車裂之刑，嫪毒被五馬分屍，屍體「零件」被掛在咸陽城周圍高竿上，曝曬數日。他與太后所生的兩個孽子被當場摔死。

太后趙姬也沒什麼好下場，經過了這次事件，秦始皇將母親打入冷宮。被尊為仲父的呂不韋雖然沒參與這場政變，因為是他把嫪毒推薦給太后的，做為肇事者雖留下一條老命，但也被罷免宰相職位。

太后與嫪毒之間的桃色醜聞和政治叛變平息後，秦國開始由嬴政這位年輕政治家掌握大權，並在不久的將來號令天下。

煮酒論史

從周朝到秦朝，歷代王室就沒有「入宮者必須是閹人」這樣的死規定；到戰國時期，服務於宮廷的，依舊不限於閹人。後來，這些人（包括閹割過和沒閹割過的）逐漸有了自己的職業名稱：宦官。「宦」的意思就是「帝王的奴僕」，泛指服務於帝王的人，而「宦官」，自然是對這些人的尊稱。由此可見，從戰國到西漢，宦官絕不是閹人的專稱；既然不是專稱，自然也包括大量沒有被閹割過的人。

確切地說，嫪毐是一位「猛男」，在太監群裡，他是個冒牌貨，但他就是憑藉太監的身分入宮，得以成為太后的「性服務者」，進而「升級」為其情人。

嫪毐這個人能從歷史舞臺上出場，完全歸功於呂不韋。當然也因為呂不韋的前女友趙姬是個「性趣女」，遇上了嫪毐這個「興趣男」，兩人一拍即合，從而導致後宮污穢、淫亂不堪。

自古以來，皇宮之中什麼奇事都會發生，尤其是淫亂之事。所謂飽暖思淫慾，趙姬當了太后，掌有權柄、享有榮華富貴。一個當了寡婦的女人最缺乏之的就是男人了，因而在趙姬空虛寂寞的時候，嫪毐成為這個女人的肉體與情感的「填充品」。

嫪毐始終都是在太后的影子下生活，他逐漸膨脹的權力也都是太后的「賞賜」，他最後的反抗也是逼不得已的行為。

嫪毐，一個吃軟飯的假太監。如果要用一句話評論，只能這樣評價他。

3 大秦滅亡總策劃人——趙高

提起趙高，中國人大多都從「指鹿為馬」這個成語典故中瞭解到這位歷史人物。其實這只是趙高的政治生涯裡所上演的一小齣戲，但從這個片段中我們能發現這個人的確富有心計，足夠狡猾，深諳官場遊戲規則。

趙高的政治身分是宦官，不過也有專家進行考證，說他不是太監，因而趙高的身分還是個謎。司馬遷也許是鄙視這個奸臣，並沒有給他立傳，但在《史記》的其他篇章中還是對他的出生有過明確提及：「趙高昆弟數人，皆生隱宮，其母被刑僇，世世卑賤。」其中的隱宮也叫蠶室，指的是一種溫暖、封閉的屋子，宮中剛被閹割的人要躲藏在裡面休養長達百天。所以說趙高在入宮之前就被閹割了，後人也是從這句話中得出普遍結論。

由此看來，趙高的身世比較悲慘，他生在一個單親家庭，而且還是一個戴罪的單親家庭；父親早就不在世，母親是罪犯，他們一家都給人做奴僕。不過趙高繼承了父親的一點文化基因，他父親是文吏出身，所以趙高從小就對法律文書方面感興趣，而且透過自學懂得一些門道，這成為他日後有機會晉升的資本。

雖然趙高身分比較低賤，但秦朝還是給他出人頭地的機會，他被允許擁有參加考試的權利。秦國在商鞅變法之後，一直注重以法治國，秦始皇更是喜愛法家代表韓非子的著作，曾給予大加讚賞，同樣是法家弟子的李斯，後來也被提拔為丞相。幸好趙高肚子裡也有一些法學知識，透過幾次法學考試，他的成績不錯，入朝當上了文吏，而且更重要的是，他有機會親近秦始皇。

不過，他在宮中當了十年的中車府令，一直原地踏步，其政治地位和身分並沒有絲毫的「升級優化」。但在秦始皇生命的最後一年裡，趙高的人生在一場政治事變中開始出現轉機。

秦始皇生平喜歡出巡，西元前二一四九年，是他最後一次出宮遠巡，隨從人員是他平時的親信，趙高與嬴政的小兒子胡亥自然都在行列之中。當秦始皇的御駕到河北沙丘這個地方，突發暴疾，一命嗚呼，臨死前寫的詔書被趙高保管。

這是個很大的籌碼。

詔書內容是讓長子扶蘇做接班人，讓蒙恬大將從邊疆回來，掌握兵權。如果遵從遺詔，趙高絕對沾不上任何實惠。但事在人為，只要把遺詔的內容改動一下，就可以完全改變自己和別人的命運。

趙高慫恿胡亥稱帝，胡亥自然興奮異常，兩個人立刻串通起來。接著，趙高找到丞相李斯，用利害關係說服他參與這個政治陰謀，到時裡應外合，就可擁立胡亥做皇帝，事成之後他們之間就會進行利益瓜分。這場陰謀很快就達成一致，趙高則是核心策劃人。

秦始皇駕崩的消息被封鎖，趙高一邊讓守在首都的李斯拿著假詔書宣布胡亥為繼承人，賜死長子扶蘇，一邊跟著胡亥返回咸陽城。趙高和李斯將胡亥扶上皇帝寶座之後，才公開秦始皇死亡的消息。這就是史書上的「沙丘之變」，同時也成為趙高發跡的開端。正因為策劃和擁立之功，趙高很快就被封為郎中令，位列九卿之一。

趙高成了胡亥身邊最信任的紅人，不過接下來他還有一系列「隱患」需要解決：在外的蒙恬握有重兵，這人一旦造起反來，對自己不利，於是趙高就以皇帝的名義將蒙恬、蒙毅兩位大將賜死。

宮中的內部隱患：一是秦王的皇子皇孫，也就是胡亥的兄弟子姪，他們絕對都有篡位政變的可能；另一個就是朝中依然忠心於秦始皇、支持原太子扶蘇的正直大臣，這些都是趙高需要清理的對象，甚至連丞相李斯也在這份黑名單之中。

第一步是清除皇子公主。趙高提醒胡亥說，您這個皇位是透過非法得來，其他兄弟難免不會有同樣野心，也極有可能會以同樣方式謀取您的皇位，只有將他們斬草除根，才能高枕無憂。秦二世竟然言聽計從，允許執行這個計畫，並且讓趙高全權處理。很快，秦國宮裡血流成河，秦始皇的後人不是被賜死，就是被抓住砍頭，連最小的十公主都沒能倖免。

血洗宮廷的案件，其他外臣也不敢反對，但對秦二世來說，趙高的忠心耿耿，替他解決隱患問題。這次也算是立了一次功勞，趙高又官升一級，與李斯分列左、右丞相。

不過李斯這人太有能力了，趙高難以望其項背，總有被壓制的感覺，同時敏感地認為他對自己的權勢不利。雖然趙高和李斯之前結過盟，但這時形勢已經變化，他們成了競爭對手。

雖然趙高比較年輕，但手段卻非常老道，李斯在這方面明顯不是他的對手。趙高再次使出借刀殺人的伎倆，利用秦二世這把刀，讓李斯向刀口上撞。首先，趙高給秦二世安排了歌姬舞女，讓他盡情玩樂；接著找李斯假裝商量國事，讓他給皇帝上奏政事。秦二世正玩得高興時，李斯闖進宮裡，明顯掃了皇帝的興，三番兩次之後，秦二世就對李斯開始不滿，認為李斯倚老賣老，不把自己放在眼裡。

趙高這時見縫插針，給秦二世打小報告，說李斯權勢很大，威脅著您的皇位，而且他的兒子李由正在勾結亂民，李斯也企圖透過裡應外合來謀反。這樣一說，秦二世趕緊派人調查，果真有個叫李由的人參與謀反，但是不是李斯的兒子，沒人過問。秦二世讓趙高處理李斯企圖的「謀反」案件，李斯栽在趙高手裡，根本就沒有活路，很快就被砍頭。

除掉了對手，趙高不幸遭遇兩件事：秦軍巨鹿大敗、劉邦突入關中。面對這個棘手問題，趙高來個兩邊不得罪——又答應幫劉邦做內應，又答應胡亥要「抗賊」，然而卻都不是真的，真的計畫只有他自己知道，那就是趁著天下大亂，索性自己做皇帝。

雖然現在朝中趙高一人獨攬大權，不過他還不清楚朝中到底有沒有反對他的人，於是就演繹了一場「指鹿為馬」的心理測試。

一天上朝的時候，趙高讓人牽來一隻鹿，滿臉堆笑地對秦二世說：「陛下，臣獻上一匹好馬。」秦二世一看，心想：這哪裡是馬，這分明是一隻鹿嘛！便笑著對趙高說：「丞相弄錯了，這是鹿！」

趙高大聲說：「陛下如果不相信我的話，可以問問眾位大臣。」有些正直的人，堅持認為是鹿而不是馬。還有一些膽小怕事、平時就緊跟著趙高的奸佞之人，便立刻表示擁護趙高的說法，對皇帝說：「這是一匹好馬！」就這樣，同意趙高的人則被封官加爵，沉默和反對他的人則以各種罪行不是被發配邊遠地區，就是被殺頭。經過這一次大清洗，朝中剩下的人完全順從趙高了。

從此，趙高權傾朝野，氣焰囂張，在朝中作威作福。他派身為大將的女婿闖入內宮，二話沒說就把正不知所措的秦二世抓了起來，儘管這位無能的皇帝萬般哀求，趙高還是沒有手下留情，最終逼他自殺。

殺了胡亥，趙高想宣布登基，但此時才發現，大臣都不搭理他，他便很生氣，要殺人，但又發現，似乎殺人也不能解決問題，而且殺完人之後，他不知道應該繼續做些什麼。為了掩人耳目，他又找了一個替身——年輕的子嬰做繼承人。

有趣的是，子嬰身邊也有一個宦官，叫韓談，是不是閹人無從考證，但此人非同一般，並且還是個劍術高手。他對子嬰說：「趙高立你無非是個傀儡，你嬴家莫非要代代受其掌控？」

子嬰說：「我不願意，你看怎麼辦？」

韓談說：「無人不恨趙高，此時殺他反倒很安全。」

於是子嬰託病不出，趙高親自去請，一入府，便被同行韓談一劍刺死，與此同時，大秦的喪鐘也敲響了。

宮刑，又稱腐刑、陰刑、胥靡之刑、椓刑或宮，是中國古代的一種殘酷的刑罰，受刑者會喪失性能力和生殖能力。在對男性施宮刑以後，因為傷口容易腐爛，所以通常在密不透風的「蠶室」中待百日，以保全性命。自東漢開始，宮刑被用於處置謀反者的未成年家屬，算是對他們的一種赦免。至隋文帝時，宮刑被廢止於刑律之外，之後各代的刑律中亦再沒有見到宮刑，直至明朝。

與傳統歷史評價不同的是，一些專家聲稱趙高是趙國的間諜，趙高的使命就是要讓秦國滅亡，他的一切陰謀和行動都是這個目的，而且他最終目的也達到了。如果屬實，那麼從這角度而言，趙高則成為趙國的愛國者，也就成為傑出的政治策略家，儘管最後他也難免「罹難」，為國捐軀。

不過並沒有足夠的證據說明他是間諜，歷史千百年的論斷是，趙高既是中國歷史上第一個做宰相的太監，也是最臭名昭著的一位奸臣。他以太監的身分謀權奪利，犯上作亂，致使政局動盪，加快了秦王朝毀滅的步伐。

奸臣小人從來不乏鑽營的機會，因為他們有鑽營的小聰明和伎倆。趙高就是潛伏在政權裡的一隻蛀蟲，其實歷代專權的宦官無不如此，只是趙高是封建王朝第一個惡名昭彰的太監，從而為後世那些專權太監樹立了永久性的「榜樣」和「標杆」。事實也是如此，後世宦官專權愈演愈烈，可見他的惡行影響貫穿了整個封建時代，可謂「源遠流長」矣。

4 漢奸的祖師爺——中行悅

漢奸與太監，這兩者本身並沒有任何瓜葛，只是發音比較近似罷了，不過中國歷史上被公認為「漢奸第一人」的竟然就是一位太監。不過話說回來，自古以來太監就很少有正常人格，在愛國「排行榜」上，也很難找到太監的名字。

這個太監叫中行悅，其實他做太監是被迫的，並不是自願的；他轉身成為一位名副其實的漢奸也不是自願的，同樣是被迫的。有位哲學家說過：人是環境的產物。從這個角度來看，一個太監最終變成漢奸，責任不全在他一人。

中行悅是西漢燕國人（即河北人），之所以不幸成為太監，是因犯罪被判處宮刑。被閹割後，他做了宮廷裡的太監，好歹也是一介公務員。不過這種古代公務員的身分並不光彩，只不過是一種變相奴僕而已，不在逼不得已時沒人甘願去做。

中行悅不得已變成「二級殘廢」，又不得已成為太監，成為終生奴隸，他肯定是一千個不願意，但也只能無奈地抱怨。可見中行悅從成為太監那天起，心中就產生了一種怨恨，這是人之常情，就像後來的司馬遷被宮刑之後，同樣也是怨憤之情。所以，要想讓一個被「去勢」的奴僕去忠實自己的主子，從心理學的正常角度理解，是一件非常困難的事。

西漢這時剛建立不久，綜合國力在國際上還處於弱勢，北方匈奴則非常強悍。這是一個草原遊牧民族，儘管在經濟文化上落後，但在軍事上絕對強勢。西漢王朝初年，政府不得不透過和親的策略來緩和矛盾，盡量避免和匈奴交戰。

漢文帝剛剛即位不久，匈奴的前任皇帝駕崩，老上單于接班。每當匈奴新皇帝上任，漢朝送女人的日子就要逼臨了，而且送的女人只能是皇室家族的女人——公主，並且美其名曰「和親」，這是當時漢朝和匈奴之間的國際慣例。

每次公主嫁到匈奴，必然少不了大量的陪嫁品，隨從的奴僕更是少不了，太監就成為了最佳人選。不巧，這一次人選名單竟然落到了中行悅頭上，中行悅想像著北方蒼涼的蠻荒之地，以及不能用漢語互相溝通的「鳥語」和習俗，去那個人生地不熟的異域他鄉，沒有堅強的意志，要想生活下去絕對不可思議。

中行悅極不情願去匈奴那個鬼地方，他倒也心直口快，直接給上級領導聲明自己不想去。不情願歸不情願，卻由不得他要脾氣，天子的命令和法律一樣都是強制性的，中行悅最終還是隨著公主被遣送去了匈奴。

臨行前，他懷著深深的痛苦和怨恨，咬牙切齒地向領導威脅說：「如果讓我到了匈奴，我發誓將要幫助匈奴打擊漢朝！」從這句話來看，這個太監很有「種」。雖然這句話是以威脅的口氣說的，可是中行悅還是最後一次希望天子能收回成命，但沒人在乎他這句話，以為這麼一個小太監只不過是說說氣話，表達不滿罷了。

到了匈奴之後，中行悅就向匈奴單于大獻殷勤，表示忠心耿耿，甘願順從，向匈奴做出應有的「貢獻」。中行悅曾經有言在先，所以他開始為自己的「理想」而奮鬥，大肆進行賣國行徑。不過，中行悅自認已改了國籍，他也許會這樣開脫自己：現在大漢國並不是自己的國家，何來賣國之說？

中行悅是個人才，他受到單于的寵信，而且不只是一代單于，老上單于死後，他又受到繼位的君臣單于器重，儼然是匈奴的宰相。直到老死，中行悅總共歷經了匈奴三朝，可謂名副其實的「三朝元老」。

中行悅伺候在單于身邊，經常透過貶斥漢朝來改變匈奴對漢族瞻仰的姿態，說穿了就是讓匈奴學會帶著優越性去蔑視漢朝。匈奴的製造業非常落後，漢人早已習慣拿筷子吃飯的時候，匈奴人還不會穿褲子，而且他們一直對漢族的絲綢衣服、飲食方式都非常羨慕，中行悅就向單于說：「我們匈奴人口雖然少，還不如漢朝一個郡縣多，但我們匈奴人英勇強悍。如果我們都依賴漢人的東西，到時匈奴將很可能就落到歸屬漢朝的下場。」

另外，中行悅又向單于大講「文化課」，故意說漢人的絲綢中看不中用，比起匈奴的裘衣皮靴，一點都不堅實耐用；漢人的食物也不夠味，沒有匈奴的乳酪好吃。總之一句話，中行悅的意思就是慫恿單于改變經濟政策和政治戰略：應該拒絕漢貨，重視自給自足，與漢人斷絕商業買賣，兩國也就用不著互相來往建立關係，將來可伺機滅掉漢朝。

中行悅還一心幫助匈奴人做「掃盲工作」，教他們識字和數學計算，這也在無形中推廣了漢字。

在國際禮儀上，匈奴完全是個「白癡」，壓根就不懂其中的交涉用語，透過中行悅的指導，提高匈奴人國際談判的水準。中行悅教匈奴學會製作玉璽，寫詔書，頒布命令，當漢朝頒布詔書給匈奴時，中行悅教唆單于也寫一份詔書「回覆」漢朝皇帝，表示平起平坐。漢朝詔書是一尺一寸，匈奴的詔書就製作成一尺二寸；漢朝詔書開頭稱呼是：「皇帝敬問匈奴大單于無恙」，中行悅便教單于這樣稱呼：「天地所生日月所置匈奴大單于敬問漢皇帝無恙」，表示匈奴的尊貴傲氣。由此可見，中行悅完全投靠了匈奴，以各種方式蔑視和對抗漢王朝，一步步實現自己的誓言。

軍臣單于統治時期，正是由於中行悅的「功勞」，匈奴經常從邊防襲擊漢朝，致使漢人遭受匈奴軍隊的殘殺和蹂躪。在戰爭過程中，中行悅又卑鄙地想出了陰毒的一招，將病死的牲口屍體統統拋到漢人的水源江河裡，製造大量的病菌，讓漢人引起食物中毒。這一招可謂陰險至極，不過漢人提前發現，並沒有造成太多人中毒。

西元前一六六年，中行悅提議單于率領騎兵十四萬，攻破漢朝朝都、蕭關等地，對漢人進行燒殺搶掠，甚至把漢朝的北方一座行宮都付之一炬。

此後，漢朝和匈奴兩國之間戰爭不斷，而且漢朝大多失敗。

中行悅並沒有像當初他所想像的難以在匈奴生活下去，相反，他在匈奴生活得非常舒服。他曾在漢朝僅僅是一個小太監，但在這裡卻「榮升」為參謀軍師，對漢王朝造成了很大的危害。

煮酒論史

宦官這個詞，從戰國開始，一直流傳到唐朝。唐高祖李淵，設立了一個機構，叫做殿中省，專門掌管內廷的生活起居。殿中省的主管人員叫「殿中監」，下設兩名「少監」，但是，這個「監」並非閹人，且位於閹人之上，由皇親國戚擔任。

在唐朝，宮內閹人皆為宦官，仍舊無太監之稱；到了遼朝，契丹人將掌管國家財務的機構取名為「太府」，領頭人便叫做「太府監」。這個太府監也不是閹人，這個名稱一直用到元朝，蒙古人實在，覺著太府監三字太麻煩，索性改為「太監」，從此，太監一詞開始光芒萬丈。

中行悅是值得同情的太監，而不應該是被歷史謾罵的太監。

歷史評價往往看的是結果和影響，並不在乎過程和緣由，這是史學界的一個嚴重缺陷。中行悅被冠以漢奸的頭銜，如果不看事實緣由，我們應當對這樣的「賣國賊」必然會咬牙切齒。但清楚其中的原委之後，也許後世的同情應該大於譴責吧！

從事實後果來看，對於漢王朝——所謂的「祖國」，他做了不少「惡事」，他的「叛國投敵」行徑給漢王朝造成嚴重的打擊。但是從根由來說，他是被迫的，首先，他被閹割為「非常人」，接著被「發配」到蠻荒之地，這些都是壓在他極其不情願的情況下不得已的事情，他沒有選擇餘地。

他發誓說要讓漢王朝後悔，他傾其畢生精力和智慧實現這個「夢想」。可見這個太監是充滿血性的，他沒有淪為封建統治階級的忠實奴才。從另一種角度看，他完全是利用匈奴來對抗漢王朝，實現自己的「報復」，他的行為幾乎與春秋戰國時的伍子胥相提並論。

我們可以說中行悅是自私的，他的行為表明他是十足的個人主義者，但漢奸的帽子似乎太重了。有位詩人這樣說過：哪裡有自由，哪裡就是我祖國。這句話可以做為對中行悅的辯護詞。

5 漢宮裡的「斷背山」——董賢

如今中國人知道「斷背山」就是同性戀的代名詞，大都是由美國那部同名電影廣為傳播的緣故。殊不知，中國古代就有關於同性戀的一個類似稱呼：斷袖袋，某個人具有的同性戀傾向和興趣則被稱為「斷袖之癖」。

這個典故來源要從一個叫董賢的美男子說起。

董賢是西漢著名的男寵，也是非常美貌的「偽娘」。正因為他是美男子，憑著這個優勢，才完全有資格成為男寵，而且成為皇帝的男寵，可見董賢稱得上是男人中的「國色天香」。

養男寵在漢朝其實比較時髦，尤其是皇帝這個群體，比如漢惠帝與閎孺、漢文帝與鄧通、漢武帝與韓嫣、漢成帝與張放等，而漢哀帝養男寵則達到了登峰造極的地步，而且極為專情，將後宮三千佳麗全都冷落不顧，卻獨寵董賢一人。

雖然董賢並不是太監，但他後來長期伺候在皇帝身邊，完全行使的是宦官的職能，而且比宦官與皇帝相處得更要親密，因而將他列入宦官行列。

可以肯定的是，董賢在少年時就是個「金童」，但學習成績不是很好。由於他父親在中央機構供職，透過老爸的人情關係走後門，董賢沒念完中學就進入皇宮，擔任太子舍人，也就是太子漢哀帝的小隨從。正因為這種親密的職業關係，致使董賢與太子漢哀帝逐漸建立某種朦朧而曖昧的感情，而太子也就是日後要繼承皇位的漢哀帝。

不久後，漢哀帝即位，按照朝廷職業慣例，董賢被「人事部」調派到其他宮中任職。董賢除了長得靚麗俊俏，沒什麼本事，就被委任為報告時辰的工作。這一做就做了兩年多，漢哀帝沒機會碰到董賢，所以兩人也就一直沒有互相聯繫過。

這時的董賢已經出落得越來越靚麗（注意不是英俊瀟灑那種），他也為自己的美貌而驕傲，在內心裡經常沾沾自喜。這天，機遇終於降臨他的頭上了。董賢正在大殿下高呼時間表，這次被下朝回宮的漢哀帝一不留神撞上。漢哀帝看到對面這個美男子似曾相識，驚訝地問：「你難道就是曾經伺候我的董賢舍人嗎？」這一問，兩人便重新開始交往了。

漢哀帝第二天上朝就把董賢提拔升職，封他為黃門郎，專門侍奉皇帝，並負責傳達詔命。這代表著董賢從此正式成為了宦官，不過他沒有被閹割。

因為董賢不但人長得「婉約」，而且性格非常柔媚，《史記》上記載他「性柔和」、「善為媚」，看來他簡直就是個美人胚子，因而奪了後宮無數嬪妃的寵愛完全在意料之中。

漢哀帝與董賢相見沒幾天，兩人的關係很快就升溫了，漢哀帝對董賢的寵愛也更加日甚一日。出門時竟然被允許與皇帝一起乘坐龍輦，入宮後董賢則跟隨在皇帝身邊，兩人一天到晚幾乎形影不離。董賢自然沒少受到皇帝的賞賜，每天的賞錢比他薪水還多幾十倍，另外又給他加官晉爵，提升他為駙馬都尉侍中。

正所謂「一人得道，雞犬升天」，董賢的家人、朋友也跟著沾光，男的升官，女的被召進宮裡。董賢的父親也被提拔為光祿大夫，之後又升為少府，後來被封為關內侯；他的妹妹被封為昭儀，地位僅次於皇后，甚至連他的岳父都被賞了官職。董賢家族在短短的幾年內就飛黃騰達，榮耀無比。

這時漢哀帝對董賢幾乎達到了愛之入骨的地步，不能離開他半步。但對漢哀帝而言，卻有一個令人苦惱的難題擺在面前：董賢是有老婆、孩子的人，在宮外早有家室，每逢佳節、假日必須正常放假回家團聚。儘管後宮中佳麗成千上萬，漢哀帝就是提不起任何「性趣」，這期間皇帝簡直度日如年。

後來，漢哀帝突發其想，想出了兩全其美的策略，他下令讓董賢全家人都搬進宮中居住，專門為他在皇宮中另建了一棟別墅。漢哀帝徵用人家的老公，自覺有些理虧，為了向董賢的老婆表示一點補償，為她專門修建一間宮室，取名「淑風」，與皇后的「淑房」相配。這樣皇帝以後就不用擔心哪天見不到董賢了，自然也就免去相思之苦。不過這樣具有「創意性」的行為，卻也恰恰證明了漢哀帝的荒唐。

接下來就發生了兩人之間「斷袖」的故事了。據《漢書》記載，有一天漢哀帝和董賢在寢室裡睡午覺。皇帝先醒來，發現董賢的身體壓著自己的衣服，自己不能起身。皇帝如果一抽身必然會驚醒董賢，為了避免打擾他的睡眠，漢哀帝就從床頭抽出匕首，將壓在身下的袖子割斷。從這件小事可以看出，漢哀帝對這位男寵非常體貼，簡直是無微不至。

漢哀帝對董賢的寵愛不只如此，他下令為董賢單獨建造一座府邸，地址選在北闕下，而且仿照皇帝宮殿的規模和風格，極盡豪華之氣。更令人不可思議的是，漢哀帝連董賢的後事也都考慮到了，為他預備了一副珠襦玉匣的棺材。

董賢並沒有立過什麼大的功勞，但他長期的溫柔順從與知情達理，從來都沒有讓皇帝失望過，因而一再受到漢哀帝的封賞，官至大司馬衛將軍。這時董賢年方二十二歲，地位竟然在三公之上！董賢掌握了朝中實權後，百官上奏都透過他的批准才能遞送給皇帝，而且董賢利用自己的職權，開後門之風，提拔弟弟董定信為駙馬都尉，其親戚、朋友都被他安排到中央部門的要職上。這樣一來，董氏家族的地位與聲望比皇族外戚還要顯赫，成為全國首屈一指的豪門貴族。董賢沒有任何才能，也沒建過尺寸之功，卻不到兩年就青雲直上，封侯拜將，地位超越任何人，很快就引起了朝中許多功臣和老同事的不滿。

丞相王嘉率先發難，向漢哀帝極力進諫，反對董賢因恩寵而破壞法律制度。漢哀帝早已情迷董賢而不能自拔，壓根就不會聽取丞相的意見，反而以破壞君臣關係為由將他打入牢獄，並折磨致死。

繼任丞相孔光就非常「識時務」，對待皇帝的紅人董賢非常「禮貌」。有一次，他聽說董賢來拜訪自己，早早就裝扮得衣冠楚楚，出門迎接。遠遠望見董賢的專車，孔光畢恭畢敬地不敢轉身，向後退著走，當董賢下車後，他立即上前點頭哈腰拜見。儘管兩人的地位平等，但他卻始終以下屬的身分接待皇帝的紅人。漢哀帝聽說此事後，感覺臉上非常有光彩，第二天就把孔光的兩個姪子提調進中央機構任職。

漢哀帝對董賢的恩寵幾乎無止境，甚至還想讓他做自己的皇位繼承人。在一次宴會上，漢哀帝把這個想法透露出來：「我想效仿堯帝禪讓舜帝的榜樣，把皇位傳給董賢怎麼樣？」

群臣一致反對說：「江山是高祖打下的，是整個劉氏家族的基業，現在不歸您私有，應該將皇位傳給您的子孫！」

不久漢哀帝駕崩離世，董賢曾經的榮華富貴隨之也將成為東逝之水，一去不復返。董賢也明白曾經是因為皇帝寵信自己，才沒人敢正面反對他，現在失去了這座靠山，自己也沒好日子過了。現在朝中反對他的人聚集起來向他猛烈攻擊，外戚王莽率先彈劾他，限制他的權力；太后也對他早有怨恨之心，其他同事趁機向太后上奏董賢不但淫亂後宮，而且濫用職權等罪狀。太后下詔將董賢的官印沒收，接著永久撤職，將他貶回老家。

董賢和老婆清楚那些大臣絕不會善罷甘休，便一回到家就雙雙自殺。掌握政權的王莽還擔心董賢是不是在裝死，還派人挖墳檢驗其屍體。董賢雖然已死，但「後帳」還沒算完，曾巴結他的孔光歷數他的種種罪狀，唆使太后再次下令查抄董氏家族，所有因其裙帶關係當官的全部革職，顯赫一時的董家勢力很快就頹敗了。

董賢正是遇上了漢哀帝這樣的「知己」皇帝，才使他的命運跟隨著漢哀帝起伏。他的一生不能不說是興也哀帝，亡也哀帝。

煮酒論史

古代美男子的「芳名」流傳很廣，諸如「貌似潘安」、「傅粉何郎」等這些成語都是讚賞他們的，其中董賢也占有一席之地，「斷袖之癖」就是足夠的「證據」。

一個嗜好男色的人邂逅美男子，必然會做出非常意外的事，更何況是皇帝。熱心的皇帝能積極將男寵的家庭搬遷到皇宮來，也算得上天下極荒唐的事。

中國古代「同志」文化的代表人物非董賢莫屬，不過董賢家裡有老婆，嚴格說起來，他應該是雙性戀者。

董賢不是太監，他只是男寵。在世人眼中，他與皇帝的寵妃扮演的身分、角色沒有兩樣，僅僅因為漢哀帝的口味比較「另類」而已。董賢因為其「男色」而受到皇帝賞識，從而得以逐漸掌握大權，但他僅僅是皇帝的附庸，權力並不適合董賢這樣的人。

董賢這個美男子之所以最終自殺，完全是因為他陷入了政治圈裡不能自拔。他的靠山一倒，董賢也就跟著成為眾矢之的，命喪黃泉。這似乎在說明，不僅僅是在「江湖」中，人在宮廷，也是身不由己。

唐朝詩人在《白紵辭》中感嘆：

董賢女弟在椒風，窈窕繁華貴後宮。

璧帶金釭皆翡翠，一朝零落變成空。

6 皇帝的岳父是太監——許廣漢

在愛情領域，喜新厭舊是許多人的通病，也常為旁人指責，不過另有與其含意相反的一個成語，叫故劍情深。故劍情深，這個成語比喻結髮夫妻之間的情意不因一方富貴而改變，其典故來源於皇帝的一道浪漫的聖旨，也見證了王子對貧女承諾的兌現。

這個王子就是漢宣帝劉詢，貧女則是許平君，也就是後來的皇后。皇后的父親就是許廣漢，但這位皇帝的岳父是一名太監，怎麼會有這樣幸運的女兒呢？

這得從頭開始講起這個充滿傳奇色彩的故事。

據《資治通鑑》記載，許廣漢二十歲左右，原是漢武帝的兒子劉髆的侍從郎官。有一次，漢武帝要去甘泉宮辦事，他為皇帝備馬時，一時失誤把馬鞍拿了下來，被旁邊的官吏發現，告他偷竊皇帝的東西。按照法律條文，應該處死。

漢武帝沒審查就給許廣漢定了死罪，暫時將他關在受宮刑的監獄裡，等候將來處置。在這個特殊的監獄裡，他被獄吏弄成了閹人。這對許廣漢來說是非常痛苦的事，不過幸好這時家裡已經生了一個孩子，就是女兒許平君。

偷竊馬鞍也就是芝麻綠豆的小事，罪不至死，皇帝最後不知怎麼發了善心，免了許廣漢的死罪，改為徒刑，也就是將他改為勞役犯，在監獄外面進行勞動改造為期三年。這個懲罰方式還算合理，許廣漢被派到掖庭做勞役。掖庭是建在皇宮旁邊的一個機構，是專門提供給宮女以及犯罪官吏子女居住的地方。

三年之後，許廣漢刑滿走出掖庭，獲得自由。不過他沒有成為平民百姓，而是被提拔做了小公務員，當上監獄長，看管犯罪的宮女。

這時出現了巧合，他遇到未來的皇帝劉詢，兩人住在同一個寓所裡。

未來的皇帝怎麼會待在這種地方？因為他此刻還不是太子，而是罪犯之子。劉詢的祖父是戾太子劉據，西元前九一年因巫蠱案件被判死刑，當時只有幾個月大的劉詢也被牽連關在監獄裡，直到他五歲時才被赦免放出。但父母早死，劉詢已經無家可歸，幸好被一個獄吏託老婦人收養，這個老婦年老病死之後，他又被帶到掖庭。掖庭長官張賀曾是劉據的屬下，所以對這位不幸的遺子特別關照，一直把他收養在這裡。如今劉詢也是寄人籬下，這才有機會與監獄長許廣漢住在一起。

許廣漢與這位未來的皇帝可謂患難之交，從此兩人建立了親密關係，也為將來君臣之間贏得了難得的信任。

一晃十多年過去，雖然沒有錦衣玉食的生活，但現在劉詢已長得身材偉岸，相貌堂堂，看起來龍章鳳質，一表人才，似乎天生就是做皇帝的料。張賀有些眼光，打算把女兒嫁給這位落難公子，但身為右將軍的弟弟張安世，卻極力反對，他說：「劉詢如今只是個庶人，沒有任何地位，能養活自己就算不錯了，如果賠上姪女就太吃虧了。」

張賀只好放棄將女兒嫁給劉詢的打算，這也使得許廣漢有機會當未來天子的岳父。張賀聽說許廣漢有個女兒叫許平君，大約十五歲左右，就想成全劉詢，便置辦酒席邀請許廣漢商量兒女婚事。要想給現在的窮小子劉詢找到老婆，張賀只好說出了他的身分：「劉詢做為漢武帝的曾孫，也是當今皇帝的近親，儘管現在失去王位，但好歹也曾是關內侯，你把女兒嫁過去，將來少不了榮華富貴。」許廣漢跟劉詢相處過一段日子，知道這個青年人怎麼樣，也就沒有推辭，答應了這門婚事。剛一談妥，許廣漢就接受了劉詢的叩頭禮，未來的皇帝與自己的女兒正式成親。一年後，許廣漢有了外孫，即後來的皇帝漢元帝劉奭，當然，這時的許廣漢作夢也不會想到，自己的女婿和外孫都是未來的天子。

這個轉機很快就到來了。

外孫出生才幾個月，劉詢就被權臣霍光擁立當了皇帝，從一介平民「直線上升」成為一國之君。結髮妻子許平君被封為婕妤，做為皇帝的岳父，許廣漢也官升幾級，在宮中任宦官之職，經常跟隨在皇帝左右。

如今有了一國之主，還缺少一個「國母」，很快朝中就開始談起冊封皇后的「話題」。不過，群臣中大多數人都是牆頭草，現在身為大將軍的霍光執掌大權，女兒是宮中嬪妃，而且還與皇太后是親戚，因而諸臣見勢都把皇后的人選指向她。但劉詢的心中早有人選，他在艱苦的環境中成長，更珍惜貧賤夫妻之間的感情，所以他在大臣們的奏摺上批示這樣一句話：「求微時故劍。」言下之意就是指定自己寒微之時的「舊人」為皇后，這個舊人就是他的結髮妻子許平君。大臣也領會到這層意思，立刻迎合皇帝的意見，一致推選許平君為皇后。

霍光大將軍心裡極不舒服，擔心許家從此飛黃騰達於己不利，硬是找個理由拆許家的臺，他說：「皇后的父親許廣漢曾經犯過罪，判過刑，這樣背景不良具有前科的人不應該在皇帝的身邊。」為此，漢宣帝很圓滑地要了一招，將岳父調到外地，但封他為昌成君，成為一方列侯，明降暗升，這樣既沒有違背霍光的意見，順勢也將岳父重新提拔了一次。

不過宮廷內依然充滿殺機，因為霍家一門心思想要自己的女兒霍成君當皇后，所以就伺機對付現在的許皇后。不久，皇后又生了一位公主，在坐月子期間，霍光的老婆霍顯，讓御醫淳于衍暗地在皇后的滋補湯裡下慢性毒藥。沒過幾週，皇后許平君就毒發身亡了。接著，霍成君如願以償做了皇后，漢宣帝雖然悲傷，但不得不隱忍接受這個新皇后。

沒多久權臣霍光病死，漢宣帝這下沒有顧忌，完全掌握生殺予奪的權力。新皇后霍成君沒生下龍種，漢宣帝有理由立其他皇子為太子。西元前六六年，皇帝將自己在民間生下的兒子，也就是許廣漢的外孫劉奭立為太子。外孫成了皇位繼承人，外公也不無榮幸，許廣漢再次被加封為平恩侯，他的兩個弟弟為博望侯和樂成侯。許家當年的「投資」完全是「潛力股」，最終得到了曾經落難公子豐厚的回報。

顧念舊情的漢宣帝並沒忘霍家暗害許皇后之仇，就以陰謀毒害太子為理由，廢掉霍成君的皇后職位，將她打入冷宮。不久霍成君自殺，漢宣帝終於為結髮妻子報仇雪恨，從而也用實際行動證明了他們夫妻之間的「故劍情深」。

許廣漢身為王侯，安分守己，平平安安地享受著自己的清福。西元前六一年，這位早年曾遭受命運摧殘的老人，終於過完他幸福的晚年，死後還享受國家級待遇，被葬在皇帝的陵園裡，可謂哀榮備至。

漢朝的宮刑又叫腐刑，這個名字取得相當精妙，何謂腐？骨質敗死，體不再生，是為腐也。人若腐，臭不可聞；樹若腐，不再生根。生殖器被割，恰如朽木，生得再高、再大也不會結果，以此謂為「腐刑」。

許廣漢就是腐刑的受害者，他本是昌邑王府的人，隨駕出遊時，錯把別人的馬鞍放到自己的馬背上，結果說不清道不明，人家就說他是偷的。按照漢律，誰敢隨皇帝出遊時偷盜，要判斬首的罪。好在漢武帝劉徹對損害人的生殖器官有巨大的癮，說罷了，改為腐刑吧，就把這位給閹了。

有趣的是，他被閹前已經有了一個女兒，陰差陽錯竟然成了漢宣帝劉詢的皇后。皇帝的岳父是太監，聽起來似乎有些彆扭，也不可思議。皇帝娶太監的親生女，從表面看似乎是荒誕不經的事，其實是患難之交與貧賤夫妻之間的誠摯愛情。

這個具有傳奇色彩的故事之所以會發生，與宮廷鬥爭有關。而許廣漢能成為太監也是一種意外，屬於偶然事件；能與未來的皇帝對面相談，則是意外中的意外。唐朝詩人羅隱有這樣的詩句：「我未成名君未嫁，可能俱是不如人？」一個是王子落難，一個是貧女未嫁，許廣漢做皇帝的岳父似乎是「撿來的便宜」。

許廣漢被封為侯，並沒有仗著權勢為非作歹，而是依然安安分分地過著普通老百姓的日子。他算是歷史上身分最奇特、行事也最「低調」的一位閹人吧！

7 身可殘，志不短——司馬遷

能把歷史書寫得跟文學作品一樣，並且與偉大的詩歌《離騷》齊名，只有《史記》這部巨著了。魯迅就曾這樣評價《史記》：「史家之絕唱，無韻之離騷。」其作者司馬遷自然非同凡響，而且他還是以「殘疾人」的身分完成的。

嚴格說來，史學家司馬遷不能算是宦官，也沒有太監職位，但他具有太監同樣的命運：閹割。因而不太嚴格地說，他算是「閹人」，其職務最初是史官，與宦官沒有關係。

他之所以變成閹人，一半是因為自己的正直與單純，一半應該怪罪於漢武帝的剛愎自用。

司馬家族世代為史官，西元前一〇八年，三十八歲的司馬遷接替父親司馬談的班，當上了太史令，成為皇宮裡的公務員。他的本職屬於文案工作，主要就是為皇帝寫寫文書，修改一些國家典籍和天文曆法等。每天輕輕鬆鬆地上班，原本這是非常好的差事，到了退休的年齡好好養老，這一輩子就平平安安算是過完。可是現實往往會突然出現某種意外，這次不是喜從天降，而是悲從中來。

司馬遷的飛來橫禍起源於「李陵事件」。

西元前九九年，漢武帝派大將李廣利領兵攻打匈奴，這次很不幸，幾乎全軍覆沒。其中，李陵做為騎都尉帶領的一支五千人的步兵被匈奴兵圍困，最終因寡不敵眾，李陵被活捉了。很快外界就有了流言，說李陵兵敗投降匈奴。愛面子的漢武帝很生氣，壓根就不查其中的內情，只是一意孤行針對眼前這個結果大發雷霆。

許多大臣都是見風轉舵，一致隨聲附和李陵應該戰死，投降賣國實屬大逆不道。這時，司馬遷勇敢地站出來為李陵辯解，因為他瞭解李陵的人品，相信他並不是真投降，而是一時的權宜之計，以後會尋機將功贖罪，也許目的是想進入匈奴來一次「木馬計」也說不定。

司馬遷向漢武帝求情：「李陵帶的步兵才不過區區五千人，深入匈奴敵營，殺敵至少上萬人，儘管最後失敗了，但這份功勞也足以向國家交代。李陵之所以沒有為國死節，但他肯定有自己的策略和計畫，說不定哪天他會將功贖罪。」

漢武帝聽了司馬遷的一番辯護詞，認為他在故意貶低愛將李廣利的功勞，因為李廣利是自己寵妃的哥哥。漢武帝大動肝火，聲稱司馬遷強詞奪理偏袒貳臣，是存心反對朝廷。司馬遷這下遭殃了，被盛怒之下的漢武帝打進了監獄，交給司法部門處理。

非常倒楣的是，司馬遷的案子恰恰落在了當時臭名昭著的酷吏杜周手上，杜周的手段兇殘可是出了名的，簡直無所不用其極。在審訊過程中，司馬遷遭受的折磨是少不了的，不過他硬是不肯低頭屈服向酷吏認罪，一番刑罰之後讓他吃盡了苦頭。

不久，一個不幸的消息傳來，李陵不但成為了匈奴王的駙馬，還派兵攻打漢朝。這對司馬遷為他的辯護而言，不啻是一種否定和嘲笑。不過，李陵真正投降只是事件的結果，並不是起因，因為漢武帝不久前草率地殺了李陵的母親和妻兒。君對臣不仁不義，臣對君還能繼續效忠嗎？這才致使李陵懷著仇恨之心，索性真正背叛漢朝。

李陵事件的逐漸惡化對司馬遷絕對是一個嚴重的打擊，兇殘的漢武帝將李氏家族統統殺光，曾為李陵說情的司馬遷也受牽連，論罪同樣是死刑。司馬遷這時還正處在創作階段，距離完成自己的《史記》著作還需要很長時間，要實現這個宏願，幾乎需要他後半生的光陰。

其實要完成這部上下三千年的歷史作品，也是司馬遷父親的遺志。他父親是個史官，感覺自己年事已高，擔心完成不了這部巨著，就把希望寄託在兒子身上。從司馬遷很小的時候，父親就對他進行文史知識的培養，到十歲左右，就帶著他去拜京城名儒董仲舒等人為師；從二十歲起，又讓他進行長達七年之久的實地考察和采風，這些都為他寫作《史記》打下了堅實的基礎。現在這項事業還沒完成，司馬遷卻慘遭橫禍，而且被定了死罪，這對於他無異於青天霹靂。

不過漢朝刑罰有一個「潛規則」，被定了死罪的人如果想活命，有兩條路可走：一是用錢財贖罪，買回自己的命，就像今天的「保釋」；二是屈辱地以宮刑替代死刑。司馬遷家裡父親早死，家庭生計尚艱，哪有足夠的錢來保釋他，但他深知「人固有一死，或重於泰山，或輕於鴻毛」的道理，不想死得毫無價值，為了完成《史記》，他最終不得已接受了宮刑。

古代流行著「身體髮膚，受之父母，不敢損傷」的觀念，更何況被閹割了命根子。司馬遷從此就成為了受人歧視的「閹人」，這對他本人來說更是奇恥大辱。不過司馬遷有足夠的勇氣和毅力忍辱負重，為了自己的事業撐下去——在監獄裡依然筆耕不輟。

西元前九六年，對司馬遷而言，絕對是一個「幸運年」。司馬遷入獄不久，漢武帝就改年號為太元元年，按照國家慣例，朝廷頒布大赦天下的命令，監獄裡的罪犯都被釋放。司馬遷不僅重獲自由，而且還被任命為中書令，這個官職通常由宦官擔任。司馬遷從此也就成了宮廷內官，這年他五十歲。

司馬遷的身分轉變，先是由一名史官變成罪臣，最後又得以充任內官，完全是因為他受過宮刑的緣故。在外人看來，司馬遷非常幸運，他這是「尊寵任職」，但他本人早就不在乎什麼榮華富貴了，他很清楚自己活下去的唯一目的。從此，司馬遷完全專注於《史記》的創作，直到他生命的最後一息。

他白天照常按時上班，在宮廷裡幫助皇帝起草詔書等工作，傍晚下班回家後，就成為了他的自由創作時間。夜間他秉燭「加班」，奮筆疾書，努力趕在自己離開人世之前要完成這部巨著。

皇天不負苦心人，西元前九一年，在他生命終結的倒數第二年，司馬遷終於完成了《史記》。

據說，司馬遷寫完這部書，曾給當時的學者東方朔看過。東方朔讚不絕口，在書中每篇後面的議論部分添加了「太史公曰」，表明作者的身分。不過這部歷史作品，原是司馬遷的私人著作，並不是官方史書，在他死後，被親戚收藏保管，後來才逐漸公開出版，流傳後世。

煮酒論史

宮刑不但殘酷，對人的情感也有巨大的殺傷力。很多人受宮刑之後，性情大變，乖戾無比，異於常人，做出許多非人類所能做的事情。後世的人往往將王朝的衰落歸罪於他們，其實那恰恰是他們對不公平社會的一種最凌厲的報復。

嚴格地說，如果將司馬遷列入太監陣營，則是可笑的。司馬遷只能算作是客觀意義上的「閹人」，做為受刑之人，司馬遷以宦官身分成為中書令，則是晚年的事。當然，對司馬遷而言，他肯定也不認同自己是太監。

司馬遷的歷史身分只有一個：作家——史學意義上的文學家。他的不幸遭遇源於自己耿直的性格。性格決定命運，這句真理在他身上應驗了。當然也可以說，他沒有諳熟官場「遊戲規則」，才誤闖「禁區」，要了自己的「命根」。

做為皇帝的批評者，司馬遷這個史官受刑完全是冤枉的。當一個無辜的人遭到迫害後，往往會有兩種選擇，要嘛是發憤圖強，要嘛是頹廢消沉，司馬遷明白「人固有一死，或重於泰山，或輕於鴻毛」的深刻含意，因而他選擇了前者。

官場的失敗，最終卻促使他在文學上樹立了一座豐碑。

8 「情歌王子」是太監——李延年

早在十八世紀義大利出現了不少著名的男高音歌唱家，不過他們的高音並不是先天的，而是早年透過閹割術實現的。這群專業藝人被稱為「閹人歌手」，或者叫「閹伶」，也就是說，他們都是因被閹割了才得以成為男高音歌手。

據統計，那時義大利每年有四千名男童被閹割，然後送進歌劇院進行培訓，為歌劇中高音部分的演唱提供人才資源。

其實中國古代，早在西元前就出現了一位著名的「閹人歌唱家」，更是宮廷裡的「情歌王子」，此人叫李延年，是漢武帝的妃子李夫人的哥哥。但是李延年並非因為需要高音才去閹割，而是因觸犯法律被處以宮刑，不過這卻反倒為他的男高音提供了良好的「客觀條件」。

這位情歌王子的代表作就是歷史上著名的《佳人曲》，我們姑且從這首情歌開始講起。

《佳人曲》的歌詞是：「北方有佳人，絕世而獨立，一顧傾人城，再顧傾人國，寧不知傾城與傾國，佳人難再得。」這首情歌裡面的「佳人」，指的就是李延年的妹妹李夫人，也正因為這首歌，李夫人才得到了漢武帝的寵幸。

之前李夫人也是一個歌手，因為李家是以樂舞為職業的藝人家族，其中李延年最有天賦、也最有知名度。但不幸李延年在年輕時不小心違法犯忌，被處以宮刑，於是被收編進宦官行列，最初任命為管理宮廷寵物的職務。

不過，遭受宮刑的李延年並沒有喪失音樂天賦和才能，反而歌藝大進。很快他就憑藉清麗的男高音打動了宮廷裡的所有聽眾，尤其最高領導人漢武帝更是對這位閹人歌手極度讚賞。也正是因為後來那首傑出的代表作《佳人曲》，李延年聲名鵲起，被大家公認為皇宮裡的「情歌王子」。

這一天，李延年拿出自己剛寫的新歌《佳人曲》，在宮廷裡大展歌喉。當他聲情並茂地唱完「佳人難再得」這句歌詞後，漢武帝為之動容，不無遺憾地問：「這首歌很棒，難道世人真有這樣的美女嗎？」

還沒等李延年回答，旁邊性急的平陽公主知道內情，就爭先說道：「李延年有個妹妹，皇上只要召見她，就知道她確實是一位歌舞曼妙的美麗佳人。」

第二天，李延年的妹妹在皇宮裡一登場，果然就像仙子下凡，讓漢武帝如癡如醉。漢武帝原本是好色之徒，當下就將她納進後宮做嬪妃，封為李夫人。由於妹妹受寵，還給皇帝生了一個龍種。

她的兩個哥哥根本不需要什麼突出「業績」都會受到提拔，軍事才能平庸的李廣利，因為一次偶然的戰爭勝利被提拔為海西侯；李延年歌藝超眾，富有音樂特長，被提拔為協律都尉，正式進入中央音樂部門工作。

李延年這位民間歌手，如今一躍成為了宮廷御用樂師，每年領著兩千石的俸祿，一邊蒐集樂府民歌，一邊創作新曲，為皇帝與後宮妃子演唱。李延年擅長兩點，一是為詩詞譜曲，另一點就是搞翻版，即把別人的曲子透過變聲，加一點花樣翻新，這樣就更能贏得大眾的口味，也避免了舊曲子重複給人帶來的「審美疲勞」。

據《漢書》記載，四川大才子司馬相如這時也進朝做官。做為同事，李延年就曾為司馬相如等人的詩詞作品進行譜曲演唱。漢朝外交大使張騫曾去過西域，從那邊帶來了一套《摩訶兜勒》民族歌曲，李延年將它改編成二十八首「鼓吹新聲」，用來專門做皇家儀仗隊的歌曲。除此之外，他還努力透過創作加工，編成十九首《郊祀歌》，用來做皇家祭祀時的音樂。

除了擔任漢武帝御用樂師這個身分之外，李延年還有另一層身分：男寵。整個漢朝養男寵形成時髦風氣，幾乎每朝皇帝都養有男寵，漢武帝也不例外。李延年出身倡家，能歌善舞，原本就長得秀麗，被閹割之後更加嫵媚。漢武帝是個好色之徒，男女通吃，對李延年很感興趣。因此，司馬遷和班固這些史學家，都將李延年列入《佞幸傳》和《外戚傳》裡，書中說他「與上臥起，其愛幸埒韓嫣」，意思就是說他受到漢武帝的寵幸，兩人經常同睡同起，其愛幸級別等同於韓嫣這樣的專職男寵了。

不幸的是，妹妹李夫人沒過中年就病死。雖然漢武帝對這位愛妃的離世曾一度傷懷，還命術士在夜裡請李夫人的魂靈與他會面。但過不了多久，漢武帝就有新歡，李家的恩寵也就大打折扣了。漢武帝也是個喜新厭舊的主子，女人都一個接一個地換，更何況是那些男寵，李延年曾受到的「熱情」也就逐漸降溫了。

接著李氏家族又發生一起事件：征和三年，李延年的哥哥李廣利被派與匈奴交戰時全軍覆沒，這次李廣利也效仿李陵的「榜樣」，投降匈奴，這讓漢武帝非常憤怒。誰知一波未平一波又起。李延年的弟弟李季自從進入宮中當差，缺乏自我檢點和約束，亂搞男女關係。皇帝的後宮妃子被他不知泡了多少，不久宮中種種淫亂事件頻頻曝光，李季論罪屬於死刑。漢武帝這下怒火中燒，認為李家人恃寵放肆，已經無法無天，難保哪一天會不會搞宮中叛亂，做為直系親屬的李延年也就被牽連進去，儘管他沒做過什麼越軌的事。

西元前九〇年，李氏家族被滿門抄斬，一個不留，連李延年這位音樂人才，也最終被毫不憐惜地誅殺了。曾經的「情歌王子」兼皇帝的男寵，就這樣死在政治家的手中，這年他還不到五十歲。

煮酒論史

太監中有各種特長的在古代不乏其人，但能在音樂界一枝獨秀的只有李延年一人了，而且他的身分特殊，是皇帝的大舅哥。

李延年做為宮廷御用歌手，他的職業與其他太監有明顯不同，他是用歌聲讓皇帝取樂的，就像那些御用文人一樣，只是在精神層面取悅於皇帝罷了。

李延年除了做好本職工作之外，沒有什麼野心，沒有干涉朝政，沒有作奸犯科，也沒有誘導皇帝做壞事，幾乎沒有任何污點。史學家司馬遷在《史記》中將他列為「佞臣」隊伍裡，似乎有些苛刻。

但司馬遷是這樣解釋的：「非獨女以色媚，而士宦亦有之」、「柔曼之傾意，非獨女德，蓋亦有男色焉」。以此而論，司馬遷認為李延年做為寵臣，是憑藉其「男色」魅惑主子，並且是走外戚的後門得以出入宮廷，為禮法所不容。

李延年這樣的歌者，現在我們謂之音樂家，在漢朝則稱為「倡」。被列入佞幸列傳的漢朝外戚，他排在第一個，大抵也是歷史上唯一的一位倡出身列入佞幸當中的外戚。

第二章
太監的第一個黃金時代

1 殺人不見血的「法學家」——石顯

總計下來，中國古代官場上的太監，大都忠心耿耿地安守奴才的本分，但抱有狂熱的權力慾的太監也不少。早在西漢中年，漢元帝時的太監石顯就是一位野心勃勃的宦官，他在官場摸爬打滾，歷經三朝，可以說是元老級人物「公公」了。

石顯原是山東人，從小家教不嚴，致使他還沒長大成人就開始犯罪，被處以宮刑。朝廷有個政策，因犯法被處以宮刑的人可以申請去宮裡做太監，被閹的石顯想出人頭地，當然只能選擇做宦官了。從此以後，石顯開始了他「皇宮保母」的職業生涯。

能成為少年犯，這樣的人往往比較機警，《漢書》裡講他「外巧慧而內陰險，常持詭辯以中傷人」，可見他常常喜歡透過鑽法律的漏洞，陷害別人，同時也說明他也熟知法律，這一點反倒為他晉升提供了本錢。

漢宣帝崇尚以法治國，不大喜歡儒家那套禮教，而且經常任用中書宦官來處理政事。懂點法律條文的石顯，利用自己的小聰明，很快就贏得了皇帝的青睞。漢宣帝認為他是個法律人才，得好好提拔，所以石顯很快就轉職了，被任命為中書僕射，專門做執法工作。

宰相蕭望之經常給皇帝上書說，中書部門應該選拔賢明之士，盡量避免讓宦官參政、議政，從而引起中書宦官對宰相的不滿和怨恨。擔任中書令的一位宦官叫弘恭，與石顯是一丘之貉，同樣也精通法律條例，兩人相互勾結、組織私人聯盟，結成死黨來壓制宰相蕭望之的權力。

雖然宰相是太子的老師，但太子劉奭做為皇位繼承人卻懦弱無能，而且身體多病。儘管父親漢宣帝明知這個接班人難有出息，但這個兒子是他與患難之妻所生，所以不忍把他廢黜。因而漢宣帝一駕崩，無能的劉奭還是順理成章地即位成漢元帝。

宦官是皇帝最親近的人，漢元帝就被弘恭和石顯這些太監包圍著，而且他經常得病，每天一上班就會感到身心疲憊，難以應付繁重的政務，這些宦官就趁機為新皇帝出謀劃策，為他「分憂解難」。漢元帝也樂得自己輕鬆，就將煩人的政事逐漸交給他們處理了。

弘恭和石顯雖然有了一些實權，但要想權傾天下還有幾個障礙，最大的一個，就是蕭望之。但蕭望之不是沒有弱點，他的弱點就是對工作十分認真、負責，該他管的管，不該他管的也要管。有一次，他給皇帝上了個奏章，內容是壓制外戚的權力，以免霍光後人的悲劇重演，萬萬沒想到，這個奏章為他挖開了墳墓。

石顯拿著這個奏章對漢元帝說：「蕭望之這是在離間陛下和外戚的關係。」

此時蕭望之正在休假，皇帝看了看奏章，就讓石顯前去詢問。石顯和弘恭見到了蕭望之，詢問這個奏章究竟什麼意思，蕭望之據實回答說：「整治外戚是我的主張，但我想的是整頓朝綱，並非離間。」

隨後，石顯、弘恭面見漢元帝，說蕭望之果然想離間君臣，妄圖獨攬大權，「謁者可召致廷尉乎？」漢元帝根本不懂什麼叫「謁者召致廷尉」，但身為皇帝，不懂也得裝懂，便含含糊糊地同意了。過了幾天，見蕭望之沒來上班，漢元帝問眾臣，才知道蕭大人早已經進了監獄，這才徹底明白什麼叫「謁者召致廷尉」。於是下令革職為民，趕緊放了。

冤大頭蕭望之差點連苦膽都吐出來，莫名其妙被抓，又莫名其妙被革職，卻連個解釋都沒有，一怒之下，竟然自殺了。

蕭望之被石顯冤死後，社會輿論界一片譁然。陰險的石顯為了轉移輿論界對他的看法，借花獻佛耍了一招，向皇帝推薦當時威望很高的名士貢禹做宰相。公眾輿論反而紛紛稱讚石顯舉賢任能，珍惜人才，也一下子打消了人們認為他是冤死宰相的罪魁禍首的懷疑。

但這些都僅僅是石顯做的表面文章，他在暗地裡依然不遺餘力地打擊異己份子。漢元帝明白宰相死得冤枉，心中不無內疚，就提升了另一個老師周堪，周堪的學生張猛也被加封為太中大夫。周堪與前宰相是老朋友，石顯必然將其視為對頭，連張猛也被寫進他的黑名單裡。有一次，張猛為回國的匈奴使者送行，在匈奴邊界上，張猛與之歃血為盟，為兩國訂立和平相處盟約。石顯卻利用這次國際事務借題發揮，誣告張猛私下與匈奴勾結，圖謀不軌。最後由於老師周堪的辯護、說情才讓張猛免於罪行，否則張猛又成了刀下冤魂。

然而好景不常，張猛連同其他賢良之臣，還是沒有躲過石顯的明槍暗箭。他們向漢元帝彈劾宦官石顯的越權枉法，不過石顯立刻猛力反擊，尋找各種機會，「製造」每個人的犯罪證據，最終使京房與賈捐之兩人遭受棄市之刑，張猛不得已自殺，陳咸被罰以城旦刑，守十年邊關。不久，鄭令蘇建意外獲得石顯罪證的一封書信，上奏給漢元帝。誰知石顯沒有被定罪，反而倒咬一口，結果使蘇建冤死在獄中。可見自古在官場上，忠臣與寵臣的較量，往往都是以忠臣的失敗結局告終。這次中央機構內部經過大清洗後，石顯更加作威作福。

身體孱弱的漢元帝在位沒幾年就一命嗚呼，兒子漢成帝接班。漢成帝剛一上任，就加封宦官石顯為長信中太僕，俸祿提升到兩千石。似乎新皇帝比他老爹更加昏庸，其實並非如此，提拔石顯只是一個假象。漢成帝比老爹漢元帝要聰明多了，他這一招是明升暗降，給石顯加封的是虛職，同時卻削弱了他的實權。漢成帝更加信任的是外戚，而不是太監，其實他在即位時就已對石顯非常不滿，但他一直隱忍不作。由於剛登基不久，勝算的把握不大，便想採取迂迴手段來處理這個權閹。

果真幾個月後，宰相與御史一起彈劾石顯以前的種種罪狀，抓住了把柄。這次漢成帝沒有放過這個奸臣，先是把其同黨進行了一次大清理：免職的免職、降職的降職，將這些官員一一打回原形，削掉石顯的羽翼。接著就輪到石顯本人了。漢成帝親自發動大臣對石顯展開砲轟，所有的罪名都對著石顯來了，卻硬是抓不到他的把柄。因為是法學家出身，所以石顯但凡害人，必有法律依據，而自己則從不觸動法律。此人的能力比現代社會的律師只強不弱，凡是徇私枉法的事情，無不鑽法律的漏洞，無不打著皇帝的旗號，以至於成帝想整他都沒藉口。

但皇帝終究是皇帝，一見難以治罪，便對石顯說：「太多人對你有意見了，你還是告老還鄉吧！」輕輕一句話，這個縱橫政壇十六年的大太監，鬱鬱寡歡地回老家去了。

煮酒論史

中國官場上的生存和晉升，尤其是在中央機構內部，往往與皇帝本人親密相關，臣子與主子的關係是關鍵因素。皇帝之下往往有三種勢力：寵臣、賢臣、外戚。其實寵臣往往就是奸臣，如果皇帝不寵，奸臣自然會無機可乘，難以行兇作亂。賢臣做為忠直之士，往往只論公事，不論私情。外戚則與皇帝有特殊的血緣關係。

因而封建官場內部的鬥爭，常常就是這三者之間的互相較量，而且太監做為寵臣的重要「組成部分」，有其先天性優勢，就是與皇帝最為親近，對皇帝瞭若指掌。其中大多數的歷史結局都是，賢臣要嘛被排斥，要嘛受戮，幾乎沒有好下場；如果寵臣和外戚的交鋒，這兩者勢均力敵，在不同朝代，不是東風壓倒西風，就是西風壓倒東風。

在漢朝時期，尤其是在漢朝末年，做為寵臣的宦官往往得勢，普遍占據上風，掌握實權，致使官場一片烏煙瘴氣，黑暗至極。

當然，歷史上那些宦官的個人結局不一定都如意美滿，最終落得錢、權兩空的大有人在，這也是他們自食惡果的下場。

2 東漢太監黨元首——鄭眾

東漢時期，中央政府內部有兩大勢力團體，一個是外戚，另一個就是宦官。外戚做為皇帝的親戚，自然不會受到冷遇，而沒有血緣關係的宦官，往往靠的就是機遇。漢和帝時的太監鄭眾就是憑藉投機翻身成為皇帝的寵臣，從而得以專權弄國。

自漢武帝時期，竇氏家族做為皇家外戚，一直勢力膨脹，直到東漢的漢章帝時期依然恃寵掌權，甚至還妄想謀權篡位。

西元八八年，漢章帝因暴病一命嗚呼，還沒過完童年的繼承人劉肇，剛剛過了十週歲生日就被扶上皇位，即漢和帝。

這時鄭眾已經是三朝臣子，但他並沒有資格稱為「元老」。鄭眾是從漢和帝的祖父漢明帝時，開始入宮淨身當上了公務員。最初是太子家中的管事員，也就是未來漢章帝的管家，但一直沒有升遷。漢章帝即位後，儘管鄭眾沒有功勞，但也有多年苦勞。他從小黃門逐漸被提拔到中常侍，成為皇帝的近臣。不過好不容易升到這個官階，還沒受到重用，主子漢章帝就暴病身亡。然而，身為老宦官的鄭眾，卻受到成年後的漢和帝的信任，給自己的升遷帶來很大的機遇。

漢和帝劉肇是梁貴人所生，一直被竇皇后養為己子，因而才有機會成為皇帝的接班人。不過這位十歲的皇帝上任之初，根本就不懂朝政，更不用說利用權力處理政務。竇太后就趁機垂簾聽政，大肆起用自家親戚，把持著中央機構各個重要部門，形成外戚專權的局面。

鄭眾與外戚家族不在同一個陣營，很快就被竇太后下放了，擔任皇家花園管理員這個閒職，讓他遠離政治權力中心，其實也希望他最好能在這個職位上直到老死。

不過鄭眾並不是泛泛之輩，《漢書》稱他「為人謹敏，有心機」，他不會甘心安於現狀，而是深藏不露，待時而發。隨著小皇帝的成長，他的機遇和前程也將要到來，對鄭眾來說，現在暫時的委屈應該就叫「韜光養晦」。

如今竇氏家族在朝中專權，裙帶之風到處蔓延，違法亂紀的現象嚴重，致使朝綱不振。竇太后做為幕後操縱者，讓哥哥竇憲掌握兵權，竇家有人犯法，竇太后的幾句話、一道手諭就將其免罪。逐漸長大的漢和帝看在眼裡、記在心裡，對外戚專權非常嫉恨，這也給宦官不久得寵帶來了機遇。

這也再次證明了歷史鐵一般的規律——皇帝與外戚爭權，宦官必然上陣。

漢和帝不願再繼續扮演傀儡的角色，開始秘密行動，暗地策劃奪回自己的皇權。尤其是在西元九一年，竇憲帶兵打敗了匈奴，凱旋歸來之後，威望和權勢更加升溫，野心也很快膨脹。漢和帝聽聞竇憲圖謀篡位，更加心急如焚，加快自己行動的步伐。不過朝中只有兩個正直的大臣：司空任隗和司徒丁鴻，他們不畏權勢，沒有依附竇家。不過漢和帝意識到，這兩人一旦被自己召進宮裡，必然會被竇家黨羽發現，事情敗露，不要說皇位得不到，自己的性命也將難保。於是他想到了一個不起眼的人：鄭眾，這個入宮多年忠實於皇帝卻淪為「園丁」的太監。

鄭眾被漢和帝秘密召進宮裡，首先測試他的忠誠度，皇帝把自己的計畫稍微透露了一點，這個機敏的宦官當即心知肚明，向皇帝保證發誓：絕不依附外戚，一心忠於王室。從此鄭眾就成了漢和帝的心腹幹將，兩人一起策劃政治事變。

鄭眾果然深謀老算，他建議皇帝先下一道聖旨，以邀請竇憲輔政為名義將他召回京城，伺機除掉此人，然後奪取他的兵權，大事就可實現一半。皇帝也真沒找錯人，聽從了這個建議，依計行事。向來驕傲自大的竇憲，現在還將皇帝當作乳臭未乾的毛孩子，根本就不把他放在眼裡，所以並沒有任何防備。竇憲兵馬勞頓地趕到京城已是黃昏時分，皇帝傳旨讓他第二天早朝時進殿。

晚上是行事的大好良機，鄭眾一手布置，連夜行動。他讓丁鴻帶領部下緊閉城門，把守要道路口，然後命令皇宮御林軍分批抓捕竇氏的黨羽。事情進展很順利，不到天明，竇氏黨羽全部被送進了監獄。

第二天，失去爪牙的竇憲被命令繳出印綬，降職為冠軍侯，並收回其兩個弟弟的封地。接著竇太后也被軟禁，竇憲帶著家眷被發配到外地，並被命令自殺。朝中很快就變得肅清，漢和帝成功奪回皇位。宦官鄭眾在這次行動中功勞最大，第二天就被加封為大長秋，掌管皇帝頒布詔書命令的職務，不久他又被升仕為鄛鄉侯，權力極度上升。

鄭眾成為漢和帝身邊的第一紅人，常常與主子一起商議軍機大事。從此皇帝對身邊的宦官非常信任，這些宦官得寵，地位顯耀，權力也很快膨脹。漢朝中央內部從一個極端走向另一個極端，外戚專權被消滅後，卻導致宦官專權干政的局面從此興起。

現在身為內宮太監的鄭眾，不僅時時刻刻親近皇帝，甚至還幾乎擁有宰相的職權，宦官群體透過互相勾結，其手下的黨羽親信也隨之壯大。太監鄭眾沒有後代，只能收養子，於是恃寵驕縱的鄭眾大膽向皇帝申請養子世襲爵位的權利，漢和帝竟然答應了。從此，沒有血緣關係的養子世代繼承爵位的規定正式列入封建法典，鄭眾這個太監則開了先河。

不幸的是，漢和帝還沒過而立之年就離開了皇位，西元一〇五年，二十七歲的漢和帝因病駕崩。

前後兩個皇后都沒有生下龍種，所以朝中沒確定皇位繼承人。鄧皇后趁機效仿前朝竇太后的方式，將一個宮女剛滿百天的嬰兒劉隆冊立為太子，接著劉隆就即位成了兒皇帝，即漢殤帝。這樣鄧皇后就榮升為太后，趁機垂簾聽政，從此又一輪的外戚勢力籠罩著皇宮。

不過鄧太后汲取了前朝經驗，避免為自己樹敵，並沒有排斥宦官，而是採取外戚和宦官並用的策略，鄭眾等一批宦官沒受多大打擊，反而被加封了食邑。

但是朝中仍然存在零星的幾個正直大臣，比如司空周章。西元一〇七年，司空周章對外戚專權和宦官干政感到不滿，打算透過政變另立新君削奪宦官權力，清除外戚勢力。結局可想而知，一、兩個忠臣只能是螳臂擋車，自己反倒被這些勢力團粉身碎骨，周章最後不得已自殺。

年已高齡的宦官鄭眾，現在也只能在外戚鄧氏家族的庇護下，保有自己的爵位，安安分分地度過自己的晚年。元初元年，他死後，養子鄭閎接替爵位，鄭氏家族在漢朝也一直享有世襲爵位的特權。

煮酒論史

東漢太監專權干政，鄭眾是始作俑者。當然也不能僅僅這樣說，沒有皇帝的允許，鄭眾也不會這麼具有「創造性」地僭越職權。

太監做為皇帝的心腹，因而最私密的東西太監都知道得一清二楚。皇帝要進行秘密計畫，往往太監也會在場；最重要的是，皇帝要找最值得信任的人，也只有太監了。皇帝主導的秘密行動中，太監成為最先拉攏的「成員」，進而就為以後太監干涉朝政提供了機會。因此說，太監干預朝政往往是很難避免的。

鄭眾有幸成為皇帝的親信，也被允許加入政變行列之中，從而得以像其他臣子一樣建功封侯，從而助長了太監的虛榮心，甚至野心。慾望是無窮盡的，太監能擁有權力，自然也就能把持朝政，掌控皇帝，這是順理成章的事。

東漢太監專權的濫觴始於鄭眾，但也不僅僅如此，鄭眾的「創造」並非侷限於此。他還將太監的權力擴大為一種制度，即宦官養子也與皇親國戚一樣可以世襲爵位，從而導致太監「繁衍」大批的後代，遺患無窮。

3 十九太監戰外戚——孫程

東漢王朝自從十歲的漢和帝登基算起，此後連續幾朝都是年幼的「兒皇帝」上任，這也導致了外戚擅權專政的局面。當然宦官也不善罷甘休，從而形成了東漢外戚與宦官輪流交替掌權的政治現象。

這一次是由太監首領孫程，帶領著其他十八位太監擁立了新皇帝，一舉戰勝了外戚。

孫程從漢安帝時就被任命為中黃門，職務主要是看守宮門，相當於皇宮的保安人員或門衛。漢安帝也是個兒皇帝，登基時剛滿十三歲，朝政被外戚鄧氏家族把握，鄧太后秉政，鄧騭掌權，不過鄧氏並沒有極力排擠宦官勢力，而是對太監黨保持溫和妥協，這就給太監黨留下了翻身的機會。

鄧太后一死，漢安帝開始親自處理朝政，仍然沒有抵擋住外戚勢力的擴張，以皇后為首的閻氏家族與以生母為首的耿氏家族聯合干預朝政，年輕的漢安帝掌控局面。很快宮廷裡就開始出現內亂，閻皇后為了自家長遠打算，將太子劉保的母親秘密毒死，又企圖廢掉太子來維護其家族利益。皇后的幾陣枕邊風吹過，糊塗的漢安帝竟把太子劉保廢掉，將他貶為濟陰王。所謂禍福相依，也幸好劉保遠離了宮廷，得以免遭血腥殘害，最終才有機會重新贏回自己的皇位。

西元一二六年，漢安帝在南巡途中病死，閻氏家族與宦官江京陰謀勾結，將濟北王劉壽的幾個月大的兒子劉懿立為新君，正好滿足外戚專權的陰謀。不過這個嬰兒沒活過幾個月就夭折了，閻皇后打算另找一個小孩來替代。但這時朝中力量已經開始有所轉變了，許多大臣都將皇位繼承人的目標訂為前太子，也就是如今在外的濟陰王劉保。

這時宦官集團內部也鬧分裂，一派就是以江京、李閏為首的集團，另一派就是以孫程為首的集團。江京依附於外戚勢力，孫程從前屬於鄧太后的陣營，一直與江京不和，鄧太后死後他就被孤立起來。不過他現在身為中常侍，好歹也是高級宦官，有一定實力和資本，所以一心尋找發跡的機會。

江京憑藉外戚勢力，權力暫時比孫程大，孫程總感到這個冤家一天不除，自己就難有出頭之日。正好，這次立新君的行動過程給孫程提供了難得的機遇。

孫程先與濟陰王的使者暗中通信，表示認可濟陰王的嫡系血統，保證擁立他為皇帝，趁機除掉奸臣江京等宦官勢力和閻氏家族。使者答應並向濟陰王報告，孫程被秘密囑咐全權負責，妥善安排計畫好這次機密任務，事成之後將會受到重賞。

於是孫程聯絡自己集團裡的王康、王國等十八個宦官，在德陽殿西鐘下集合，密謀策劃。為了團結力量，這夥太監辦起了斷衣起誓的儀式，開始進行政治「投機」行動。行動安排在兩天後的晚上，孫程知道這天是江京一夥人值班，正是下手的好機會。

孫程這十九名宦官操起兵器，集體闖入章臺門，將值班的江京、劉安、陳達等這些死對頭殺死，只有李閏被留下活口。因為李閏在內宮裡有些威望，孫程想讓他降服其他宦官黨羽。事情進展得非常順利，很快，他們又來到德陽殿西鐘下，共同宣布詔令擁立濟陰王為新任皇帝，即漢順帝，同時召集各位大臣迎接皇帝御駕。孫程則命令禁衛軍封鎖各個宮門，抓捕閻氏黨羽，並及時處死。

第二天漢順帝從閻太后手中奪回玉璽，正式登基，將閻氏家族流放到邊關之地。宦官孫程是這次事變的策劃者，也是其中的積極參與者，功勞最大，十九人集團全部被封侯，為首的孫程被封為浮陽侯。從此他們在朝中聲望日隆，甚至被稱讚其功績堪比漢朝開國功臣韓信、彭越等人，從客觀歷史角度看，這些宦官當然沒這麼大功勞，那只不過是過譽之詞。

當然沒有這些宦官，就不會有漢順帝的繼位。皇帝為了再次回報他們當初的功勞，在孫程的提議下，西元一二九年，漢順帝專門頒布一道詔書，特許宦官可以無限制收養兒子，並且養子可以世襲其爵位。這個特權顯示了皇帝對宦官的恩寵，卻無限制地增長了他們的權勢，從而造成長期宦官專權與外戚專權同樣惡劣的局面。

宦官張防恃寵驕縱，收受賄賂，屢次被正直的司隸校尉虞詡彈劾。漢順帝沒有理睬，虞詡就來了一個狠招，讓人把自己捆綁起來，自投監獄中，說不懲治張防就不出來。這有點威脅皇帝的意思，張防趁機親自審訊虞詡，想置他於死地。

宦官孫程還算有點正義感，很敬佩虞詡的剛直忠誠，進宮向皇帝上奏，為虞詡辯解求情，希望把他釋放出獄，應該將張防送進監獄才對。《後漢書》裡記載，孫程給皇帝說這一番話的時候，張防就站在漢順帝的身後，孫程義正詞嚴地指罵他：「奸臣張防，還不下殿去！」張防自知理虧，難以抗辯，不得已退出了東廂房，這時他又聽見孫程向皇帝說：「陛下應該盡快將張防抓捕收監，不要讓他向您的乳母求情。」張防聽後也無可奈何。

事後，孫程又上表陳述虞詡的功勞，皇帝把他釋放出獄，並且提拔他為尚書僕射。由此可見，並不是所有得寵的宦官都在作惡，孫程還是做了這件好事，值得後人表揚。不過由於孫程這次做事過於激烈，致使皇帝對他有所不滿，不久將他免官，後來漢順帝經過反思，又加封孫程為宜城侯。

有鑑於孫程在其分封地表現良好，皇帝也非常想念這位過去的功臣，兩年後，調他回京城，官封騎都尉，掌管御林軍，與宰相的地位不相上下。

西元一三二年，這位大宦官在職病逝，皇帝親自封他謚號為「剛侯」，並讓他的弟弟繼承其封地，他的養子程壽繼承其爵位浮陽侯，以及一半食邑。

一個小小的太監最終能掌管皇宮禁衛軍及京城軍事權，只有受到皇帝的萬分寵信才會被委以這樣的職務，而且他死後還受到這樣格外隆重的待遇，可謂生榮死哀。

煮酒論史

太監的本職工作是「皇家保母」，他們的職業決定了他們不會有太大的「出息」。當然太監一旦越職專權，往往又會造成國家昏暗，只能算是「麻煩」了。

不過「資源」是可以充分利用的，尤其是「人才資源」，太監也就被皇帝當作成自己的革命軍。俗話說，團結就是力量，十九位太監一聯手，還是有作用的，漢順帝就是憑藉這群太監才奪回了自己的皇冠。

所以說，太監除了服侍人，並非一無是處。雖然從客觀來講，「十九侯」並沒有親自仗著權勢干預朝政，沒有對中央造成威脅，但是從事實而言，正因為這群太監被封侯，其親戚家族勢力膨脹，致使這些人目無法紀、光天化日之下行兇作惡，給社會治安和社會安全帶來了一系列嚴重的麻煩。

其實，這是皇帝的失誤，皇帝沒有明智的賞罰原則，致使太監被大肆封侯，從而開了太監封侯的先河，不過這是個非常壞的開端，進而給後世帶來惡劣影響，也從客觀上助長了東漢宦官勢力的極度膨脹。

好的開頭卻造成壞的結果，太監就不應該允許脫離其本職行業，這是歷史的警告。

4 五侯「蠱害」禍國家——單超

「日暮漢宮傳蠟燭，輕煙散入五侯家。」這是唐朝詩人韓翃最著名的兩句詩，描述了漢朝達官貴族的在寒食節依然享有特殊的恩寵，宮廷的燭火也分別傳到了「五侯」的貴族之家，當然詩中是藉漢朝故事諷喻唐朝宦官，暫且不論。

其中的「五侯」就是指漢桓帝時期，五位具有頂級權勢的宦官，他們在同一天被封侯，因而後世稱他們為「五侯」，其中的首腦人物就是太監單超。

東漢王朝的外戚專權是個普遍現象，漢桓帝也不例外，最後還是憑藉宦官的幫助才消滅了外戚勢力。東漢永和六年，梁冀因襲父親的爵位被封為大將軍，百官都對他敬而遠之，生怕對他有所冒犯，而自家性命不保。加上梁冀的兩個妹妹，分別是漢順帝和漢桓帝的皇后，致使以梁冀為首的梁氏家族權勢顯赫，進而把持朝政，皇帝的權力幾乎沒有發揮作用，只好攤手任人擺布。

朝中有一位大臣鄧香剛死不久，蠻橫的梁冀竟然霸占了他的妻子宣氏，還把宣氏所生的女兒鄧猛送進宮裡給皇帝做嬪妃，美貌的鄧猛果真受到漢桓帝的寵幸，並被封為貴人。梁冀這一招其實是透過「賄賂」皇帝，來掩飾自己的醜惡的非法行徑。

看到鄧猛得到皇帝寵幸，梁冀便居心不良，想讓鄧猛改姓做他的女兒，卻又擔心她的姊夫邴尊不答應。為防邴尊從中作梗，梁冀狠下辣手，派人刺殺邴尊，接著又想殺宣氏來滅口。宣氏將這個消息告訴自己的女兒鄧猛，希望皇帝幫忙解救。

漢桓帝早就因外戚不放自己在眼裡而怨憤不滿，現在聽說大將軍梁冀目無王法，竟然要殺害自己的丈母娘，便藉此機會決心除掉這個「毒瘤」。

由於朝中上下大多都是梁冀的爪牙，皇帝首先得找到得力親信和幫手才能有成功的機會。恰好在延熹二年皇后病死，梁氏家族少了這個核心，漢桓帝認為機會到了。在一次趁上廁所機會，漢桓帝暗中問身邊的宦官唐衡，宮中都有哪些人跟梁冀不和，唐衡知道內情，說出四個人：中常侍單超、小黃門史左悺、中常侍徐璜、具瑗，加上唐衡自己，他們就是日後被封為「五侯」的太監。

皇帝立即秘密召單超等五人進宮裡，與他們商量怎樣才能誅殺大將軍梁冀，並讓他們暗中策劃這場行動。單超一拍胸脯回答說這事好辦，不過卻附加一句說：「如果皇帝心中狐疑不定就會壞了大事。」其實單超是希望皇帝能夠完全信任自己，全權讓他們處理。

漢桓帝給了他們保證，同時要他們必須忠於王室。單超伸出手臂，讓皇帝在自己的手臂上狠狠咬一口，於是君臣六人歃血為盟。結盟之後，漢桓帝就把事情全權託付給這五人，讓他們回去好好密謀策劃一番，最後再給一點壓力：只許成功，不許失敗。

單超雖然口頭上對皇帝答應說事情不難，但要解決掉梁冀其實並不簡單。單超盤算之後又拉攏另外三位宦官進來，壯大實力。不過很快這些人的行蹤就被梁冀懷疑，派了自己的親信張惲嚴密監視。但這並不礙事，這個間諜不久就被單超秘密逮捕，然後趁熱打鐵，在皇帝的命令下，單超這幾位太監連夜帶領羽林軍，包圍梁冀的將軍府邸，第一時間就是收繳其將軍印，解除了他的兵權。梁冀無奈自殺，梁氏家族其他成員第二天統統被抓捕，無論男女老少都被處以死刑，與梁氏家族有關係的官員也被罷官降職。這次大清洗之後，幾乎讓中央部門為之一空，可見梁家勢力之大。梁家被查抄後，其財產總數竟然達三十多億數額驚人。

徹底除掉了一大批外戚勢力，漢桓帝心裡踏實許多，從此算是高枕無憂，真正自主地掌握了皇權。這次政治行動中，無疑這五個宦官立了大功。皇帝曾允諾要厚賞他們，並沒有食言，第二天就同時加封他們五人為王侯爵位，賦予他們朝政大權。單超做為策劃和行動首領，功勞最大，被封為新豐侯，食邑兩萬戶，其他四人食邑均為一萬戶，此外他們還都受到賞錢百萬。

這五人可謂是一勞永逸，一次行動就贏得榮華富貴，錢、權、地位、身分都有了。如果把這看作是一筆生意，他們算是賺大了，照理說也應該知足了。然而人的慾望就像是無底洞沒有止境，尤其是權力越大，野心就越大，這是官場的規律。這五個權宦開始利用職權，逐漸把持朝政，漢桓帝皇權再度旁落，朝廷再次陷入黑暗混亂的局面，比起外戚專權時更是有過之而無不及。

當然，宦官專權是源於得到漢桓帝的寵幸和信任，所以他們的違法犯罪行為，幾乎都受到皇帝的默許。尤其在新豐侯單超得病後，皇帝還特意派使臣加封他為車騎將軍，表示真切慰問。第二年單超病逝，皇帝為他隆重厚葬，賜予他皇家金棺，以及陪葬的各種金銀珠寶，並贈他侯將軍印。發喪那天，皇帝派出的五營的騎士，形成規模浩大的護棺隊伍，其墓地建造、裝修得非常豪華氣派。

老大單超死後，其餘的四位王侯卻無法無天，專橫跋扈，毫不收斂，更加肆無忌憚地魚肉百姓，民間於是給他們取了外號：「左回天，具獨坐，徐臥虎，唐兩墮。」意思就是指左悺權勢之大如同有回天之力，具瑗嬌貴無人匹敵，徐璜就像躺臥的老虎外表看似沒有危險，卻隨時顯露兇猛的面目；唐衡則隨心所欲，無人可以抵擋。

這四人之間互相攀比建造高級別墅和宮邸，連私人座駕以及寵物都是披金戴銀，隨意揮霍，四處炫耀。這些太監因自己的生理缺陷而終生遺憾，為了挽回面子，故意娶了一群美女做姬妾，把她們打扮得如同宮女一般。此外，他們的家奴受到的待遇也非比尋常，每人被分配一輛「私家車」——

牛車做為坐騎。為了傳承他們的封地和爵位，四侯在其親屬家族裡，甚至平民百姓家中大肆收養子。在其管轄區裡，他們的親戚、朋友被隨意委任為地方要職。在這群不法之徒的管治下，當地百姓不得不受盤剝之苦。這群閹黨的醜惡行徑幾乎就跟強盜沒有兩樣，因而被公眾輿論紛紛評為國家的「蠹害」。

徐璜的姪子徐宣為下邳令，向來暴虐異常，有一次在光天化日之下，明目張膽地強搶太守之女，強姦之後並把她射死，埋在寺院裡。東海相黃浮剛正不阿，將涉案之人全部抓捕歸案，處以死刑，事後徐璜向漢桓帝告狀哭訴，皇帝不問是非，竟然將黃浮貶官，並施以剃髮之刑。此後，群臣中再也沒人敢過問五侯家族的犯罪事件了，致使宦官權勢由此膨脹，達到無以復加的地步。

這五侯的宗族，甚至連同其賓客長年在百姓頭上作威作福，人民再也難以忍受他們的盤剝和欺凌，於是大家被逼上梁山，紛紛變成賊寇，社會秩序一片混亂。東漢王朝從此搖搖欲墜，朝不保夕了。

煮酒論史

皇帝不會使用權力，自然就會轉移到別人手裡。

雖然說封建社會是集權主義社會，皇權集於皇帝一身，但是皇帝拿著權力不一定就會使用。因而皇帝一鬆手，或者自己不爭氣，權力就會落到旁邊的人手中。從歷史經驗來看，爭奪皇權的往往是兩種人：一個是外戚，往往是皇帝的長輩；另一個就是身邊的太監，往往是皇帝最親近的人。

當皇帝鬆手時，皇權就會由這兩派人爭奪，其結果無非就三種：外戚專權、太監專權，以及外戚與太監聯合執政。軟弱無能的漢桓帝卻經歷了兩種情形，先是被外戚專權，弄得自己君不像君，只能聽從別人的。這樣的皇帝是夠窩囊的，但也憑藉手下的一群太監竟然扳倒了外戚，從而為自己贏回了國君的尊嚴。

軟弱的皇帝掌握了權力並不礙事，趕走了狼，卻引來了虎，再次陷入皇權削弱的局面。在這群太監的作亂之下，整個國家政局黑暗，法紀鬆弛，一片烏煙瘴氣。

權閹只要出現，這個王朝將會國無寧日，這是確鑿無疑的。

5 知識份子都是「反動派」——黨錮之禍

自從孔子為後世訂下了「君子不黨」這個教條後，儒家門人向來規規矩矩，不敢越雷池半步。尤其是封建時代做官的士大夫大都出自於儒門，因而這些政治人物也就很少拉幫結派。但是在漢靈帝時期，朝中竟引起了兩次規模浩大的「黨錮之禍」，這場「禍事」的緣由竟然就是士大夫的「結黨營私」！

這些士大夫紛紛遭到追捕，有些被罷官，有些被流放，有些則被處死，結局非常悲慘，但事實上這個罪行不成立，只不過是宦官弄權的伎倆。

前文說過，漢朝政府內部出現了奇特的政治現象：一個是外戚專權，另一個就是宦官干政，有時還會出現外戚與宦官同時把持朝政的局面。天子被架空，皇權自然旁落，致使這兩大集團貪贓枉法，徇私舞弊，裙帶之風與幫派之爭極度嚴重，官場黑暗。此外這些惡勢力欺壓百姓，為害人民，造成社會動亂。

那麼朝中的那些正直大臣呢？他們最多就是靠邊站。這些人一來跟皇帝不是親戚，所謂血濃於水，皇帝到底更加相信「自家人」；二來他們做為外臣，也並不比做為內臣的宦官更受皇帝寵信，因為那些寵臣幾乎都有特長，就是會拍馬屁，很容易贏得皇帝的歡心。所以，那些正直的大臣大多只能充當「局外人」，能不同流合污，好好保住自己飯碗就很不錯了。

處在外戚專權和宦官亂政的夾縫裡，士大夫們的日子並不好過，儘管不少大臣也高官厚祿，但就是沒有權力和資歷去干涉專權者的違法行為，只要有人敢挺身而出，必然會成為打擊對象，到時連皇帝都救不了。

自從漢桓帝透過太監的幫助消滅了外戚梁冀後，東漢進入宦官專權的時期，宦官勢力逐漸膨脹，時間竟然長達三十多年。

士大夫對宦官專權的政治現狀義憤填膺，非常不滿。還沒做官的太學生也對自己的仕途前程非常憂慮，一旦被宦官集團排擠，必然當不了國家公務員，實現不了自己的政治理想，這些年的書就白讀了。因而太學生也經常與士大夫聚集在一起抨擊宦官專權，朝堂內外議論紛紛，很快就流傳出這樣的輿論：「舉秀才，不知書；察孝廉，父別居；寒素清白濁如泥，高第良將怯如雞。」諷刺政壇腐敗黑暗，太監黨羽及其親戚官員個個草包，沒有真才實學，文官不像文官，武將不像武將，只會屍位素餐，對國家毫無用處。這些議論在社會上引起強烈迴響，宦官集團對這些士大夫和太學生的集會議論心懷怨恨，這也成為了太監誣陷他們結黨營私的把柄。

西元一六六年，宦官趙津、侯覽與其家族、黨羽如徐宣等人飛揚跋扈，欺壓百姓，搶劫良家婦女，無惡不作，而且他們非常狡猾，選擇在每年大赦之前行兇作惡，如此一來就可以利用這個機會逃脫處罰。不過政府裡一些正直大臣並沒有滅絕，如黃浮、劉質、成瑨等人在大赦之後沒有釋放犯罪的閹黨，而是對他們依法處置。高層權宦便向漢桓帝訴冤（其實壓根就沒什麼冤），昏庸的皇帝因為寵信宦官，竟然直接交由這些宦官處理案件，將這些正直大臣送進監獄。

朝中位列三公的重量級老臣陳蕃和劉茂等人上諫言書，希望皇帝明辨是非，以社稷江山為重，將宦官奸臣統統清理掉，國家政治才能清明。接著，其他士大夫與地方官員都紛紛站在陳蕃這邊，指責的有之，謾罵的也有之，一致反對閹宦專權亂政。不過社會輿論和個人諫言並沒發揮多大作用，他們大部分被紛紛撤職，幾個「肇事者」如成瑨、劉質被嚴重處理，最終在監獄裡被毒害，幾個幸運的大臣提前逃亡才得以免禍。

這次事件還沒有平息，矛盾很快又激化了。河南官員李膺剛直不阿，犯殺人罪的張成之子在大赦之後照理應被釋放，但是李膺明知犯人是故意在大赦前殺人，因而對其嚴懲不貸，將他處死。這下惹怒了宦官黨羽張成，激起了宦官集團的反擊報復，這群太監擅長的是整人手段，於是命人誣告李膺這些士大夫結黨營私，誹謗朝政，擾亂風俗，給他們扣上這個罪名，上奏皇帝。

昏庸的漢桓帝聽了閹黨的一面之詞，下達全國通緝令，逮捕並且審訊這群士大夫「亂黨」。一些重要大臣如杜密、陳翔以及士人陳寔、范滂都在通緝之列。不過詔書必須透過宰相陳蕃才能生效；陳蕃認為罪名不成立，拒絕發布命令。漢桓帝竟然越過司法程序，直接把執法權交付給宦官，李膺、陳寔、范滂等人被捕入獄，在酷刑之下他們並沒有被屈打成招。

陳蕃再次向皇帝申訴，為士大夫辯解，言詞激烈，唾沫星子濺在了皇帝臉上。用這樣不禮貌的口氣對上司說話，漢桓帝感覺很不舒服，就以他舉薦人才不當為由，撤銷了他的太尉職位。

種種跡象都顯示士大夫的危險處境和不妙的結局，不過事件的發展卻開始出現了轉機。皇帝的岳父槐里侯竇武對士大夫的遭遇深表同情，向漢桓帝上書替他們求情；同時李膺等人在監獄招供時故意將宦官子弟供出，審訊的宦官擔心自己被牽連進去，引火焚身，因而不敢再濫用酷刑逼供，反倒改變策略向皇帝建議應該大赦天下。漢桓帝聽從了宦官的建議，改年號為永康元年，藉機釋放囚犯，這些被抓捕的「黨人」才倖免於難，但全被撤職免官，遣回老家去種田。

歷史上第一次黨錮之禍就這樣告一段落，最關鍵的是以宦官的妥協為結局，但那些正直大臣和士大夫結局也並不樂觀，他們被開除在公務員隊伍之外，失去了參與政治的機會。

就在改國號同年底，漢桓帝駕崩。第二年，年幼的漢靈帝即位，其母是竇太后，所以竇氏家族的外戚勢力逐漸抬頭。宦官儘管仍然把持著朝政，但更擔心外戚與士大夫聯合起來攻擊他們，便決定先下手為強，拿外戚開刀。

九月七日，大將軍竇武出宮休假，宦官集團在深夜裡歃血為盟，為了奪權發動宮中政變。年幼的皇帝懵懂無知，被宦官騙奪了印璽和將軍符節，並假傳詔書將竇太后軟禁，同時去抓捕大將軍竇武和老臣陳蕃等大批異己份子。

兩天之後，這場宮廷血案暫歸平息，只留下血跡斑斑的現場。期間年過八旬的陳蕃被殺，竇武被困自殺，李膺被解職罷官，其他眾多士大夫和太學生不是被害、就是逃亡在外。

事後，宦官張奐和郎官謝弼深感大臣的冤死，先後為陳蕃和竇武等人平反，要求釋放竇太后，恢復李膺的官職。年僅十四歲的漢靈帝早就成了宦官的傀儡，一切都聽從他們的，平反的聲音不起作用，最終結局是，冤死的大臣不但沒有被平反，原告卻反遭禍害，張奐被開除官職，永不錄用；謝弼則在降職後，很快就被暗殺。

宦官並沒有善罷甘休，接著製造了新一輪血腥的冤案，士大夫官員被扣上企圖顛覆社稷的罪名，再次遭受瘋狂的打擊和殘害，一時之間上百人被捕入獄，接著陸續各個地方的許多大臣與太學生慘遭同樣的命運，被囚禁、流放、罷官以及處死的人數達七百多名，駭人聽聞。

宦官權勢猖獗達到頂峰，第二次的黨錮之禍遠比第一次要殘酷、血腥得多，受害群更是廣泛，事件規模空前絕後，駭人聽聞。

東漢王朝從此走進了黑暗的深淵，同時也向著自己的末日漸漸逼近，不久的將來，三國時代將開啟一個新的歷史局面。

煮酒論史

世上沒有永遠的朋友，也沒有永遠的敵人，只有永遠的利益。這句話雖然很功利，卻沒說錯，對東漢末期的各方勢力而言，權力，就是永遠的利益。

自從梁冀倒臺後，外戚所代表的豪門貴族陷入了徬徨，權力的雪橇被皇帝徹底回收，閹人做為拉橇的狗，肆意妄為，橫行不法，不但禍害百姓，也深深損害豪族利益，這種橫徵暴斂的行為迫使外戚必須尋找一個與士大夫合作的契機，來制約宦官群體。

可惜的是，從李膺入獄開始，到陳蕃、竇武身亡，不到兩年時間，由士大夫和豪強地主聯合起來的奪權行動失敗了。

「黨錮之禍」可以說是中國歷史上規模最大的集體性冤案，受害對象是那些正直的士大夫，而製造冤案的人則是「被告」——太監，準確地說是太監集團。

東漢的外戚和士大夫敗就敗在不知「兵者詭道也」的含意，明明是你死我活的鬥爭，卻偏要規規矩矩地做人，結果肝腦塗地。

在正義與權力之間，更多的人會選擇哪方面？這個問題其實很難回答。

6 太監也愛搞發明——蔡倫

二〇〇七年，美國《時代》週刊，評選的人類歷史中最佳發明家的名單上，中國東漢時期的蔡倫赫然在列。但是這位世界級偉大發明家，在真實的歷史上卻是一個複雜的閹人，一個聰明的宦官，一個前半生作惡、後半生行善的政治家，一個近乎於天才的發明家。

蔡倫出身於貧苦的農民家庭，不過自幼聰明伶俐。皇宮裡對太監的選用，通常會有兩種途徑：其一從遭受宮刑的犯人群中選送，其二就是從家庭貧苦的男孩中被錄用，當然首先得透過「手術」。古代的貧苦家庭往往養不起一大堆孩子，女孩往往會被賣到妓院，男孩不是送人，就是被閹割做小太監。蔡倫還沒過十五歲的生日，就經過了一場慘烈的「手術」，被無奈的父母灑淚送進宮裡，被任命為小黃門。

遭受閹割的蔡倫並沒有被「閹割」掉自己的人生理想，他一心想要出人頭地，在一開始做事就非常盡心盡職，得到了上司的表揚。很快，他就被提拔為黃門侍郎，工作內容主要是向皇宮內外傳達領導的命令，以及招待覲見的各類王侯大臣等。年輕的蔡倫比較機靈勤快，辦起這些事務有條不紊，很受竇皇后的賞識。

透過一番觀察，蔡倫很快就被竇皇后拉攏過來，指使他做一些見不得光的事。蔡倫為了保住自己的俸祿，自然明白「識時務者為俊傑」這個道理，盡心巴結皇后，揣摩她的心理，按照她的意思辦事。

竇皇后一直沒有生育，她最大的擔心就是，生了龍種的皇妃宋氏和梁氏兩位貴人不知哪天會母憑子貴，把自己排擠掉。此時的漢章帝雖然才三十歲，卻如同六十歲的老人一般弱不禁風，身體每況愈下。

關於繼承人的問題，後宮已經分成三派：后派、宋派、梁派。這三派裡，梁貴妃地位最低，所生的劉肇最小。而宋貴妃生的劉慶已經成了太子，子貴母顯，風頭直逼竇皇后。而竇皇后名雖皇后，實則自保乏術。嚴峻的現實讓竇皇后不得不決定狠下辣手，而蔡倫則是執行這次任務的最佳人選。當然，這也是蔡倫升職發達的機會，所以他非常賣力。

蔡倫夥同其他人誣陷宋、梁兩人是個妖女，說她們憑藉巫術來迷惑君王。這兩位貴妃在監獄裡被嚴刑逼供，最後屈打成招。更為荒謬的是，連宋貴妃五歲的兒子劉慶都被劃定為同謀犯。蔡倫做為竇皇后指定的主審官，極力要求將兩位貴妃絞死，雖然漢章帝沒有答應，但最後宋、梁兩位貴妃還是雙雙服毒自殺了。太子劉慶被貶為清河王，梁貴妃的兒子被竇皇后收為養子，不久立為太子。

蔡倫這一次「業績」非常突出，必然得到竇皇后的提拔和重賞。西元八八年漢章帝駕崩，竇皇后成了太后，他的養子劉肇做了名義上的接班人，也就是漢和帝，但竇太后做為監護人垂簾聽政，執掌軍政大權。蔡倫被晉升為中常侍，成為高級宦官，俸祿高達兩千石，並且服侍跟隨在皇帝身邊，還被允許參與國家機密大事，其地位等同於朝中九卿。

西元九七年，隨著竇太后的病死，漢和帝不久新立了鄧皇后，見風轉舵的蔡倫立即重新巴結鄧皇后，向新一輪的外戚勢力投靠。鄧皇后名字叫鄧綏，是鄧禹的孫女，班昭的學生，雖為一介女流，但喜歡舞文弄墨，經常命人從各地方進貢較好的文房四寶。

蔡倫為了取悅鄧皇后，就投其所好，將自己的聰明才智運用到這個領域中。由於他自告奮勇地申請職位，很快就被改任為尚方令。尚方令主管各類御用器物，包括筆、墨、紙、硯，而鄧皇后恰好非常喜歡吟詩作畫、校訂藏書，為了滿足鄧皇后的嗜好，蔡倫在書寫工具上狠下了一番工夫，結果弄出了一個名震古今的發明——造紙術。

蔡倫從小就很聰明，加上對西漢的造紙技術的經驗總結，他改進了一套新式造紙方法，將樹皮，碎麻布、漁網等原料透過加工製造成優質的紙張，使紙張品質大幅度提高，不僅造價低廉，而且書寫起來更加方便。

西元一〇五年，他將這項專利申報給朝廷，由於鄧皇后本人的支持，漢和帝對他予以封賞獎勵，並將造紙術在民間推廣。後來，在鄧皇后的授權下，蔡倫又被提拔為「龍亭侯」，他所改進的這種紙也被後世普遍稱為「蔡侯紙」。

漢和帝死時，鄧皇后所生的太子剛過百日，即位後不到兩年就夭折了。西元九四年，鄧太后又立十三歲的姪子劉祜為皇位繼承人，即漢安帝。劉祜正是廢太子劉慶的兒子，不過這位懵懂的少年剛即位，只能由鄧太后把持著朝政。蔡倫果然沒有找錯靠山，他繼續受到鄧太后的信任和器重，並委以重任，不久就被晉升為長樂太僕，躋身貴族行列，地位更加榮耀，幾乎達到人臣之極。

所謂物極必反，盛極則衰，加上他曾經做過的罪惡，蔡倫的人生「拋物線」陡然跌落。

西元一二一年鄧太后病死，漢安帝開始親理朝政。不過皇帝在心中必然記得從前的深仇大恨——祖母被蔡倫迫害致死，父親的皇位繼承權也是因為蔡倫的審訊被剝奪，無論哪一個罪行都足以給他定個死刑，更何況雙罪並加。

當漢安帝開始命人審訊和清算前朝「舊帳」時，蔡倫自知難以逃脫死罪，自己先行動手，終結了自己榮耀而罪惡的一生。

煮酒論史

在影響世界發展進程的發明家排名中，蔡倫遠排在發明印刷機的德國人古騰堡之前，說明在技術方面，蔡倫的確具有不可抹煞的歷史功績。

然而，從歷史事實來看，蔡倫發明造紙術只是一種政治投機行為。從其動機而言，他發明的這項技術，只是他賴以升官發財的工具，是巴結主子的一種途徑；從其人品而言，蔡倫同樣以奴才的嘴臉四處鑽營，做盡了壞事。

一個人的某個優點過於突出，往往就會被人們放大，同時其缺點也就被縮小，蔡倫就是這種情形，使自已原本為人不齒的惡劣行徑和人品，都淹沒在其歷史功績的光芒之中了。這讓人不得不感嘆：歷史有時是不公正的。

但我們也從中得出結論：技術並不能遮掩人性，也不能代替人性，過於注重技術的現代文明，也有可能會滋生更多的蔡倫這樣的人，儘管他們不乏才幹。

7 最團結的太監集團——十常侍

宦官專權從西漢就開始愈演愈烈，到了東漢末年，尤其是在兩次黨錮之禍後，宦官以絕對的優勢壓倒外戚，形成了一個龐大的集團，堪稱中國歷史上最臭名昭著的宦官集團：十常侍。

這是個集體稱呼，因為這個集團中最主要的活躍份子至少十位，其實記錄在案的有十二位，嚴格來說，應該稱為「十二常侍」才對。他們的職位無一例外都是常侍，其中為首的兩位是張讓和趙忠。其他分別是（排名不分先後）：夏惲、郭勝、孫璋、畢嵐、栗嵩、段珪、高望、張恭、韓悝、宋典。

他們都是小皇帝漢靈帝身邊的親隨，整天圍著漢靈帝轉，小皇帝被這夥奸猾的太監當小屁孩玩弄，而且還被哄得格外開心，竟然在公眾面前不知羞恥地聲稱「張常侍是我爹，趙常侍是我娘」，可見這兩位宦官首領是多麼得寵。不過話說回來，一個皇帝把自己的皇家祖宗拋諸腦後，卻甘願認太監為父母，這足以成為天下笑柄。

其實，這個漢靈帝是歷史上數一數二的荒淫無恥的國家領導，比起上古的紂王有過之而無不及。西元一六八年，漢靈帝由一群宦官扶上皇位，這時他才十二歲。按照現在來算，國小還沒畢業就當了皇帝，也就只能任人擺布了。小皇帝在驕縱、寵溺中逐漸長大，只會吃喝玩樂，對政事一竅不通，全靠自己信任的「乾爹」、「乾媽」來給他「擦屁股」。

宦官覺得宮中沒有更好的「玩具」讓皇帝來折騰，就派人從宮外買了四隻驢子送進來。漢靈帝沒見過鄉下驢子，自然興奮異常。宦官還建議皇帝不要用馬車了，改用驢車在宮內遊玩。上有所好下必甚之，京城不少官僚也競相模仿，紛紛駕驢車出行，一時形成全國性的時尚潮流，這也讓民間的驢價飛漲，竟然超過牛、馬價格幾十倍。

宦官集團為了擴大自己的勢力範圍，同時也為了聚斂不義之財，就教唆皇帝對官職明碼標價，進行出售。一時賣官鬻爵的鬧劇在全國各地紛紛上演，貪官污吏也紛紛冒出，當然受害的還是老百姓。比如翟烈花了五百萬買到了太尉一職，沒想到，不久宦官曹騰的養子曹嵩也想做太尉，便出價一萬萬。很快翟烈就被罷官，曹嵩成了最後的買主，儼然就像是競標官位。這個曹嵩就是曹操的老爸，從而為兒子曹操鋪墊了一條順暢的「官道」。

當時的國家被宦官損毀到什麼程度？漢朝幾乎所有的省長、市長、縣長、鄉長，都是宦官的親戚子弟。

正因為這群宦官掌權，接著他們的家族親戚都被授予重要官職，導致朝廷上下滋生、繁衍了無數貪官酷吏。這些靠關係爬上來的公務員不是魚肉百姓，欺詐勒索，就是欺男霸女，甚至殺人犯法，無惡不作，被百姓稱為跟強盜沒有兩樣。百姓曾經把希望寄託給皇帝，結果皇帝幼弱；也曾經把希望寄託給官僚，結果官僚乏術。十幾年了，情況沒有一絲改變，惡勢力反而變本加厲。百姓絕望了，他們出離了憤怒，起義運動此起彼伏，其中最著名的就是「黃巾軍起義」。

面對政治黑暗的局面，一批正直的士大夫和太學生挺身而出，激烈抨擊宦官專權，製造社會輿論，幾個犯法的宦官家族依法被懲治。宦官集團為了報復，製造了歷史上血腥的「黨錮之禍」，大批士大夫和太學生遇害遭貶，被牽連進去的人達六、七百人，從此宦官更加氣焰囂張。

西元一八九年，三十四歲的漢靈帝因縱慾過度臥病在榻，臨死前他想廢掉太子，讓王美人的兒子劉協做繼承人。十常侍在旁邊給皇帝出主意：「如果要讓劉協做太子，就必須將大將軍何進（皇后的哥哥）除掉，這樣才能保證太子將來平安無事，宮中才不會出亂子。」昏庸的漢靈帝聽從了，立即派人宣何進入宮面聖。

大將軍何進得知宦官慫恿皇上要殺自己，就沒聽從命令直接奔回家，召集各位大臣部將部署軍事行動，計畫怎樣剿殺十常侍。第二天，漢靈帝一命嗚呼，何進立即帶五千御林軍闖進皇宮，在漢靈帝的靈位前，立妹妹何皇后的兒子劉辨為新任皇帝。

劉辨被推上皇位，董太后對此非常不滿，這意味著自己董家將要被何氏家族排擠。宦官張讓看出董、何之間的矛盾，就向董太后出謀劃策，讓董太后上殿親臨朝政，冊封劉協為陳留王，將哥哥董重提升為驃騎將軍，讓他掌握兵權，張讓因而也被封賞。

董、何兩家外戚的矛盾激化了，何進先下手為強，派人將董太后送到郊外秘密毒殺，然後包圍董重府邸，收繳他的官印，董重無奈自殺身亡。十常侍見風轉舵，立即投靠何太后，司隸校尉袁紹建議大將軍何進除掉十常侍，卻遭到何太后的反對。

大將軍何進認為，這些長期作威作福的宦官遲早是個禍患，就與袁紹合謀，命令屯兵在涼州的軍閥董卓帶兵進京，幫助他們剷滅宦官集團。還沒等董卓的軍隊到達京城，宦官已經得知消息，以張讓為首的宦官合謀發動事變，帶著兵器埋伏在宮中周圍，假傳詔書讓何進進宮，何進遭到圍攻，身首異處。

何進自入宮後長久沒有出來，袁紹帶兵闖進宮中，將這群宦官一網打盡，先是趙忠被砍頭，張讓挾持年幼的皇帝逃到河邊，袁紹窮追不捨，十常侍無路可走，無奈之下集體投河自殺。

從此，宦官滅絕，但漢王朝也走到了盡頭。

宦官專權在東漢時期是「爆發期」，最終大漢王朝也因為太監亂政而亡國。太監在東漢時期規模之大，讓人咋舌，竟然形成了宦官集團，尤其是以「十常侍」為代表。

宦官集團掌控著無知的小皇帝，同時也就掌控著朝中大權，皇帝只是傀儡，有名而無實，致使後來各個軍閥都想「挾天子以令諸侯」。

這群太監彷彿就是皇帝的「監護人」，而且事實也可證明。這群各懷鬼胎的太監黨壟斷朝綱，製造了一個個「鬧劇」，因為舞臺中的角色非常混亂，已經君不君，臣不臣；其實也可以把它看作是一場「醜劇」，因為是由一群「不是男人的男人」與「不是兒子的兒子」演出的。

東漢外戚和宦官鬥了足足百餘年，到頭來都是沒於塵土。由此可見，內鬥的結果就是國家衰亡。這裡沒有勝利者，即便是依靠著外戚和民眾起義而崛起的豪強地主階層，也不是最終的勝利者，他們陷入了另一場巨大浩劫中，董卓、曹操、公孫瓚、孫堅、劉備等人將悉數登上舞臺，浪花淘盡英雄的三國時代開始了。

8 奸賊不論出處——黃皓

三國時，劉備耗費大半輩子心血建立的蜀漢政權，經過不爭氣的兒子阿斗劉禪的「經營」，最終「倒閉」，被魏國給「收購」吞併了。後世大多數人都遺憾丞相諸葛亮，沒有活得長久就病逝五丈原，從而導致蜀國失去了頂樑柱，殊不知，真正導致蜀國滅亡的罪魁禍首卻是宦官黃皓。

黃皓之所以被視為罪魁禍首，史學家大都依據陳壽的《三國志》裡對他的評價「操弄權柄，終至覆國」這八個字。那麼，黃皓到底怎樣圍在劉禪的身邊，致使這一對「極品」君臣最終落得國破人亡的下場？

黃皓從小太監成為皇帝寵臣，是經過長期「奮鬥」熬上來的。他的地位和出身都很低微，家庭背景史書上沒有記載。黃皓非常聰慧，察言觀色的一套本領運用得爐火純青，由此贏得劉禪的歡心和信任。隨著後主劉禪逐漸長大，他也進一步得到了寵幸。

不過這時黃皓雖然受到寵幸，但很少去干涉朝政，他一方面沒有這個資格，另一方面有正直的大臣在監護劉禪的同時，也對黃皓進行嚴加防範，這個人就是侍中董允。在《出師表》裡，董允被諸葛亮讚揚，說明這個人不但思想純正，做事能力也非常幹練，是一位賢良之臣。

董允在世的時候，一直扮演著黃皓剋星的角色，令他難以有機會呼隆劉禪。《三國志》裡說：「允上則正色匡主，下則數責於皓。皓畏允，不敢為非。」意思是說，由於董允在除了給劉禪提建議外，他還屢次毫不客氣地數落和指責黃皓。黃皓也沒轍，對董允非常畏懼，所以一直收斂著不敢做什麼出軌的事，地位也難以上升。直到董允去世，黃皓的官階都沒超過黃門丞，可見他一直被董允壓制著，長期沒有出頭之日。

董允死後，陳祗接替了他的職位，壓抑已久的黃皓才有了出頭之日，權勢開始逐漸膨脹起來。不過侍中陳祗是董允推薦的繼承人，掌管宮外的政事，宦官黃皓主要處理宮內事務，兩人「互相表裡」，這時他仍然受到侍中陳祗的限制，還不能完全為所欲為。

西元二五八年陳祗死後，黃皓這才完全擺脫約束，從此擅權做主，把持朝政，將主子劉禪玩弄於股掌之間。很快，他就被劉禪不斷提拔，官階最高升到奉車都尉，俸祿高達兩千石。蜀漢的官職與許可權大部分都沿襲東漢的舊制，黃皓此後就相當於皇宮總管，執掌皇帝的座駕出行，自己也可以隨意出入皇宮內外，與皇帝隨時交流任何話題。

劉禪的弟弟廣陵王劉永一直對黃皓看不順眼，憎恨他為人奸猾，得勢的黃皓自然也就不能容忍這位親王，就在劉禪耳邊說壞話，構陷廣陵王劉永企圖謀權篡位。白癡劉禪連自己的兄弟都不信任，卻相信一個太監的風言風語，把弟弟劉永外放，不許他進京，致使他十幾年沒能踏入皇宮。

自從董允和陳祗死後，投靠和依附黃皓的人日益增多，除了尚書羅憲一人。羅憲沒有給這位皇帝紅人的面子，黃皓自然懷恨在心，不久就尋找個理由把他降職，貶為巴東太守。

姜維是諸葛亮的接班人，他身為大將軍手握蜀漢的兵權，常年在外征戰。他聽說朝中宦官黃皓專權亂政，回到京城後向劉禪進諫，希望能除掉這個奸臣。劉禪替黃皓辯護說：「他只不過是一個為朕奔走效力的臣子而已。以前侍中董允過於苛刻，對他咬牙切齒；如今你大人有大量，何必跟他計較呢？」

姜維看到黃皓在朝中的關係網比較複雜，擔心對自己不利，只好託詞出朝，遠離宮廷這個兇險之地。劉禪感到過意不去，讓黃皓跟大將軍道歉，挽留住姜維。姜維藉口說要去甘肅一帶去駐兵墾荒，實則是躲避黃皓。姜維一離開京城，黃皓更加肆無忌憚，聚斂財富，打擊異黨，擾亂朝政。

右將軍閻宇與黃皓關係比較好，黃皓企圖廢掉姜維的職權，讓閻宇來取代他。西元二六三年，姜維向後主上表請求分兵把守重要關口，以防屯兵在漢中的鍾會伺機偷襲。按照上奏程序，表書得透過黃皓才能呈給後主，就在這個關鍵時刻，黃皓卻寧肯相信巫術，認為國家沒有危機，私自將表書壓下不報，其他大臣也一無所知，他對後主大言不慚地說，敵人插翅也難以翻山越嶺到達成都。後主劉禪不經大腦思考，就輕信了黃皓的話，沉浸在他所提供的聲色犬馬之中。

災禍終於降臨，這年秋天，曹魏的兩位大將鄧艾與鍾會分兵兩路，越過險惡的山川，透過捷徑，以迅雷不及掩耳之勢深入四川境內，將成都包圍。姜維帶兵在外，群臣上下不知所措，黃皓慫恿劉禪投降，就這樣蜀漢不戰而亡。

鄧艾早就知道黃皓是臭名昭著的佞臣，打算殺掉他，以絕後患。不過有錢可使鬼推磨，黃皓拿出自己的財產，把鄧艾的手下統統賄賂了一番，才僥倖免去此劫。他跟隨後主劉禪被安排到洛陽後，司馬昭手下無情，終於將他凌遲處死，果然惡人還需惡人治。

煮酒論史

奸臣都是昏君培養出來的，這是政治真理。劉禪是歷史上有名的昏庸皇帝，儘管有鞠躬盡瘁的諸葛亮輔佐，其身邊仍然圍繞一群奸佞之臣，黃皓就是其中的「佼佼者」。

小人總是為自己的利益打算盤，國家利益都是可以用來出賣的，做為自己投資的資本。黃皓並沒有多少權力，但是他有的是伎倆，矇蔽皇帝，尤其是劉禪這樣的昏君，對他來說更是輕而易舉。

因而在內憂外患之中，黃皓的個人勾當終致誤國誤民。

所謂近朱者赤，近墨者黑，無能、沒有主見的劉禪，自然而然就受到這個太監的誘導，從而更加白癡，盲目自大，只圖眼前享樂，這對君臣終於大難臨頭時只有舉手投降、委曲求全的份。

歷史上經常有紅顏禍水的論斷，君王因女人而亡國的不在少數，但因太監而亡國的，黃皓應該責無旁貸地擔當這個罪名。

9 「文盲」太監官場升職記——劉騰

一個女人喜歡上了太監，這可是天下奇聞，不過更令人匪夷所思的是，與太監淫亂的對象竟是皇帝的母親——皇太后。這個太監透過太后順藤摸瓜，「摸」到了權勢，從而成為了為害朝政的權臣。

西元四二四年，曾長期過著「吉普賽式」流浪生活的鮮卑族逐漸壯大，由太武帝拓跋燾建立了最強悍的北魏王國。不過這個民族的文化程度還處於啟蒙階段，缺乏嚴格的典章制度，使一些文盲太監有機可乘，玩弄權柄，弒殺帝后。其中最「拔尖」的一位就是劉騰，而他也是受太后格外寵幸的太監。

劉騰是一個不折不扣的文盲，從沒讀過書，斗大的字不識幾個，最多就會簽自己的大名而已。他原本是山東平原人，出生沒幾年，跟隨父母搬遷到安徽亳州。

劉騰沒讀過書，自然是因為出生在普通的平民家庭，家裡貧窮，沒錢上學。一方面父母養不起孩子，另一方面父母也想讓兒子能好歹做個公務員，端上鐵飯碗，但是兒子壓根就沒任何學歷，所以只能進入要求最低的公務員行列裡，這個行列就是宦官。於是，這個不滿十歲的劉騰，就被父母送進宮裡，當了太監。

可以說，劉騰的起點是不幸的，因為貧窮而被迫淪落到太監處境。世上「身殘志堅」的人不是很多，劉騰就是其中一個。他能忍受社會的恥笑，勇敢地面對生活，必然有自己的雄心，但更多的時候是野心。劉騰就是從命運的最低谷開始，用自己僅有的一點政治資本開始「經營」，壯大自己的人生財富，從而彌補他最初的缺陷。

劉騰雖然沒讀過書，但天生有很多「特長」：善於察言觀色，揣摩人意，而且城府極深，胸藏計謀。這幾點足以讓他在官場社交圈裡如魚得水，因為官場比拼的並不是知識而是計謀。

更重要的是，機遇降臨到了劉騰身上。孝文帝拓跋宏雄圖大略，推崇漢族政治體制，大力實行政治改革，可是一些貴族大臣暗中反對，慫恿太子策劃謀反，製造了一場內亂。不過很快這些叛變者就被鎮壓，太子也被賜鴆酒毒死。平定內亂以及國內改革後，孝文帝將政治目標「鎖定」在統一天下上，開始向鄰國南齊發兵。

皇帝在外打仗，這時宮中卻發生了意外，當然孝文帝並不知情。這個報告是由一個人主動跑出宮來到軍營向皇帝上奏的，這個積極表現的人就是太監劉騰。他向皇帝報告了兩個宮廷事件：一個是中央內部出現內訌，甚至會有釀成內亂的可能，這是有關皇帝寶座的大事；另一件是水性楊花的皇后馮妙蓮與中官高菩薩等人私通淫亂，日夜尋歡，整個後宮，簡直成了妓院。皇帝被戴了綠帽子，這可是有關皇帝尊嚴的大事。

對於劉騰的一面之詞，冷靜的孝文帝半信半疑，不過從宮中逃出的彭城公主，向皇帝印證了劉騰所說的屬實。皇后的弟弟馮夙看上了守寡的彭城公主，強迫她與之結婚，公主連夜逃出，到孝文帝帳下稟報宮中實情。

孝文帝相信了太監劉騰所提供的「情報」，認為他忠心耿耿，開始把他視為心腹，將他提拔為冗從僕射。正當孝文帝要處理這些事情時，卻不幸因怒火攻心病倒在床。

皇后聽到消息後，擔心自己的醜聞被揭發而受懲罰，他一方面聘請女巫詛咒皇帝早早病死，一方面企圖立年幼的接班人，然後可以垂簾聽政。皇后的這個算盤打得很好，不過並沒有實現。孝文帝臥病在床實際上只是在裝病，用來麻痹皇后與高菩薩等人，接著出其不意帶兵趕回洛陽皇宮，進行審訊。後宮淫亂的一干人等都被處死，皇后被廢除，不過這次事變後孝文帝真的病重，臨死前不得不下令皇后自盡。

孝文帝病死後，宣武帝即位。不久後，宮中就出現了鉤心鬥角的局面。胡貴妃生的兒子元栩在三歲時被封為太子，善妒的高皇后擔心胡貴妃爭奪她的皇后位，打算未雨綢繆，除掉眼中釘胡貴妃。

胡貴妃在宮中想找一個保護人，就瞄準了身為給事中的劉騰，因為劉騰的老謀深算和「職業經驗」都是被公認的。胡貴妃雖然現在出於不利處境，但受到皇帝寵幸，劉騰從中看到了晉升的機會，信誓旦旦地一口允諾對胡貴妃效忠。于忠是前任皇后的世兄，與高皇后是兩路人，劉騰找到他做為合夥人。

劉騰和于忠商議之後，向皇帝積極獻計獻策，將胡貴妃專門移居到單獨的宮苑居住，然後派兵加以防守，有了這樣一道安全保險的「防火牆」，就可以避免高皇后有機可乘。這個點子不錯，可靠實用，胡貴妃得到了生命保障，劉騰立下了一功。

西元五一五年，宣武帝駕崩，在劉騰和領軍將軍于忠的擁護下，太子元詡正式即位，即孝明帝；生母胡貴妃被冊封為皇太妃；以前的對手高皇后被下令出家為尼；她的哥哥高肇被設計處死。這次皇帝換屆之後，胡氏母子在宮中擁有核心地位，胡太妃晉升為皇太后，年僅六歲的孝明帝只是個剛會識字的孩子，權力自然而然就轉移到胡太后的手中。

一朝天子一朝臣，太監劉騰不僅擁立有功，再加上救助胡氏母子的功勞，深受太后寵信，很快就被封為「開國子」，言下之意太后將他視為開國功臣，享有食邑三百戶。不久，劉騰又連升幾級，一躍成為長樂縣開國公，食邑一千五百戶，他的兩個養子都被提拔到重要部門，可謂一人得道，雞犬升天。

沒過幾個月，劉騰突發暴疾，幾乎將要不久於人世。胡太后以為他得了絕症，想撫慰這位沒享幾天福的功臣，做為額外補償，又晉升他為衛將軍。沒想到劉騰卻沒聲沒響地緩過氣後，竟然完全康復，因禍得福，白白「賺」得了高位。

劉騰能意外活下來，太后非常高興，對他更加寵幸，還讓他負責修建洛北永橋、太上公寺、太上君寺以及城東三寺。這些巨大的工程，必然耗費甚巨，貪婪的劉騰趁機斂財，中飽私囊。太后聽說此事，也沒有怪罪他，反倒多次予以獎賞，任其胡作非為，甚至兩人在後宮淫亂。

劉騰恃寵驕橫，更加肆無忌憚地在光天化日之下做違法勾當：賣官鬻爵、貪污受賄、搜刮地方民脂民膏等一系列不法勾當，竟然沒有受到任何追究。

看到劉騰無比受寵，群臣見風轉舵，紛紛討好這個太后身邊的紅人，連曾被貶的王爺元琛也屈尊拜劉騰為乾爹，請求復職，可見劉騰的權勢之大。當然在群臣中，也有一位「硬骨頭」不買劉騰的帳，經常指責他違法犯罪，這人就是清河王元懌。

不過元懌也不是泛泛之輩，他也深得太后寵幸。長相俊俏的元懌從小聰慧，頗有才幹，胡太后一方面封其要職，另一方面垂涎他的美貌，經常召他進宮中「過夜」。憑藉自己的「才貌」，元懌自詡秉公執法，不論皇親國戚，還是高官權臣，對違法之人一律依法處置，因此得罪不少官員。

劉騰藉機想剷除元懌，就聯手太后的妹夫元叉，指使人暗中在皇帝飯菜裡下毒，並利用此事誣陷元懌。在沒經過法律審訊程序的情況下，元懌就被小皇帝貿然處死，從此劉騰再也沒有對手了。

劉騰擔心太后會報復自己，就先下手為強，偽造聖旨向百官聲明：太后身患重病，將皇權已交給孝明帝。接著，太后被他秘密幽禁在北宮，皇帝也受他掌控。

劉騰位極人臣，儼然超越了皇帝的身分，群臣每天上早朝前，都必須先去他的宅邸前恭候，在得到他的命令後，才能跟隨他去宮中上班。另外，朝中竟然出現了「潛規則」，新上任的官員在面見皇上之前必須先來朝拜劉騰，甚至主動求做他的義子的人也不在少數。

擁有這樣的身分地位，什麼都不缺的劉騰，卻依然貪得無厭，一面繼續更加瘋狂地搜刮財富，收受賄賂；一面又建造豪宅宮苑，極顯奢靡。除此之外，這個太監為了享有自己不可企及的夙願，挑選京城美女，為他侍寢，被蹂躪和蹧蹋的美女不計其數。

雖說惡有惡報，可是老天彷彿故意偏私劉騰，他惡事做絕，享盡了人間榮華富貴，沒有人能扳倒他，竟然能一直活到「自然死」，得以壽終正寢，死時剛滿六十歲。

一個奴才只有選好了主子，才有機會飛黃騰達，劉騰就是依靠胡太后才得以發跡的，這就叫「雙贏」。這個太監很幸運，政治投資不僅沒有虧本，而且還賺得榮華富貴應有盡有，權力之下，豈有清廉？致使他壞事做絕，惡貫滿盈。

按照常理，惡人死後，大家無不拍手稱快，可是據說這個權閹死後，還有很多朝中大臣為其送葬，死後的劉騰依然享受著隆重的喪禮，備受殊榮。

這樣惡貫滿盈的權閹竟然得以善終，似乎天理不昭，然而他最終還是得到應有的「報應」。後來，胡太后有幸脫離幽禁的命運，伺機奪了元叉的軍權，再次臨朝聽政，清算了劉騰的「舊帳」，取消了他的爵位，還下令開棺戮屍，拋散到野地，連同他的四十多位養子統統被誅滅。

這個太監總算受到一點懲罰，所謂一榮俱榮，一損俱損，劉騰死後，遭殃的就只能是那些以前依附他的走狗了。

綜觀整個中國古代史，像劉騰這樣生前幸運的權宦，能有幾個？

第三章
權閣的巔峰時刻

1 太監會武術——高力士

唐玄宗時期，朝堂之上曾經演繹了一個戲劇性的場景，它是由詩人李白一手導演的：李白要寫一封回覆渤海國王的書信，擺起架子，向唐玄宗聲稱要求宰相楊國忠為其磨墨，太監高力士為他脫靴。李白當時風光無限，不過由此卻也斷送了政治前途。

高力士雖然只是一個太監，卻在歷史上與宰相楊國忠齊名，甚至被評為「千古賢宦第一人」，儘管評語可能有些誇張，但也可見此人不是一個小角色。

高力士其實並不姓高，他原名叫馮元一。幼年時，父母因被某個意外案件株連，全家被抄，他做為罪臣之子被施以閹割之刑。此後，他被送進宮裡，由太監高延福收為養子，因而改了姓氏。另外他還有一個不太為人知的特長，就是會武術，膂力超群，《資治通鑑》裡稱他「善於騎射，一發而中，三軍心服」，因而他被改名叫高力士。

他年輕時剛開始任職不久，就受到女皇武則天的寵幸。在職場上累積了豐富的工作經驗之後，接著，他就很輕鬆地贏得下任皇帝唐玄宗的賞識和器重。

早在李隆基當臨淄王時，高力士就「慧眼獨具」，發現了自己未來的主子，從而見風轉舵，向他投靠。景龍四年，高力士為李隆基出謀劃策，並參與發動了一場宮廷政變，逼迫武則天退位，滅掉了武氏家族、韋皇后、安樂公主等人。唐睿宗恢復皇位後，李隆基做了繼承人，高力士在政變中功勞不小，因而被提拔為五品文官。

西元七一二年，高力士再次立了大功，積極協助唐玄宗成功平定一場宮廷變亂。因而寵信日隆，逐漸被唐玄宗視為心腹，被提拔為銀青光祿大夫，升到從三品官階，後來一直升到驃騎將軍，官階為從一品，地位僅次於宰相。一個會武術的太監既是宦官的頭領，同時又擔任了御林軍的將軍，受到的恩寵，著實讓其他臣子望塵莫及。

這一切自然與高力士的拼命努力不無關係。長期的職場經驗，讓他不但養成了謹慎冷靜的工作態度，還學會了審時度勢、當機立斷的作風，不僅僅是伺候主子，還時常充當皇帝身邊的耳目和助手。

唐玄宗剛上任時，很勤政愛民，可是隨著天下和平以及盛世的出現，助長了他的懶惰，逐漸沉迷於酒色歌舞之中。一代奸相李林甫極力迎合皇帝「口味」，故意增加京城的賦稅稅率，擴大和充實京城的糧食積蓄和財富，讓皇帝安心享樂。

一天，慵懶的唐玄宗向高力士詢問說，現在國家昌盛太平，就不用自己辛苦了，可以讓宰相李林甫代勞。高力士立刻規勸說，這些不過是宰相搞的假象罷了，國家還有許多事要皇帝處理，而且大權不能輕易託付給別人，只有皇帝一人才有這個資格，從而打消了唐玄宗委任李林甫的念頭。

西元七三六年，武惠妃死後，傷心欲絕的唐玄宗，無意中發現了兒子壽王的妃子楊玉環，雖然魂不守舍，但又無能為力。聰明的高力士揣摩聖意，向唐玄宗建議讓楊玉環出家，然後納進宮裡。透過這樣一番程序之後，楊玉環轉身成為了唐玄宗的貴妃，高力士則受到了封賞。

李林甫死後，外戚楊國忠被提拔為新任宰相，接著楊貴妃的乾兒子安祿山也得到了唐玄宗的信任，被委以邊防將領，擁兵自重。

天寶十三年，李宓與南詔國開戰失敗，損兵折將達二十多萬，楊國忠擔心受罰，隱瞞軍情不報，皇帝被蒙在鼓裡，對此一無所知。高力士提醒唐玄宗，唐軍在雲南屢次打敗仗，藩鎮邊將更不能輕易信任，必須加強對他們的控制才行。

很可惜，唐玄宗沒把高力士的話當回事，仍然一味沉溺於與楊貴妃的愛情童話裡，致使天寶十四年爆發了安史之亂。唐玄宗帶著楊貴妃和高力士向四川一帶逃竄，途中經過馬嵬坡，眾將士殺死了奸相楊國忠後，要求處死楊貴妃，唐玄宗萬分不捨，又無可奈何。高力士勸皇帝不要為了一個女人而失去軍心，唐玄宗最後聽從高力士的建議，賜楊貴妃上吊而死。當軍隊護送著唐玄宗順利到達成都避禍後，高力士因護駕有功，再次被加封為齊國公，恩寵無比。

唐玄宗的兒子肅宗即位，經過幾年的征戰，終於平定了安史之亂。兩京收復，唐玄宗被迎回到長安，尊為太上皇。不過太上皇的處境並不樂觀，不僅不讓他干涉朝政，而且兒媳以及宦官李輔國都暗中迫害他。在其他舊臣紛紛投靠新皇帝時，伺候了唐玄宗大半輩子的高力士這時還算厚道，一直陪伴在唐玄宗身邊。

西元七六〇年，宦官李輔國誣告唐玄宗、高力士與外人串通，圖謀不軌。一天太上皇去興慶宮，李輔國攔住御駕，竟然強迫唐玄宗去太極宮，想藉此機會暗害太上皇。高力士在旁邊護駕，喝退了李輔國的手下，然後親自為太上皇牽馬，這才免去了一場衝突。

高力士被李輔國視為眼中釘，很快他就要面臨人生的危機了。不久，李輔國勾結皇后，私自寫詔書，編造罪行將高力士貶謫，流放到巫州。

西元七六二年，太上皇與唐肅宗死後，唐朝宗即位，大赦天下。七十三歲的高力士被批准得以返回京城，不過這位老太監在回京途中聽說唐玄宗已經去世，痛哭不已，精神崩潰，還沒到長安就病死在湖南的開元寺裡。

從唐玄宗到肅宗、代宗三朝，是宦官勢力迅速發展的階段。開元、天寶年間，內廷宦官激增至三千人，官至五品以上的即達三成。高力士更是顯赫一時，尊貴無比。唐玄宗對高力士極為信任，地方上報的書信、文件、奏章，高力士閱後挑重要的讓玄宗過目，而一般可以自行決定、處理，不必報知，這就開啟了宦官處置國家政務的先例。

在野史和大眾印象中，高力士的名聲跟詩人李白是有瓜葛的，而且他的形象是排擠才子的壞人，與楊貴妃、楊國忠幾乎站在同一個陣營。似乎高力士這個太監只是個趨炎附勢、巴結奉承的佞臣，但實際上，這種觀點非常片面，至少高力士是唐玄宗身邊忠誠的奴僕，從沒有背叛過。

高力士會武藝，身強體壯，具有百步穿楊的箭法，這點並沒有多少人知道，自然就沒人知道他的一些正面事蹟的報導了。他受到皇帝寵幸，沒有過分地擅權干政，而是勤勤懇懇地做本職工作，並且經常提醒主子，預防奸臣當道，這點是非常難得的。比起歷史中其他受到皇帝寵幸的權宦，高力士則是非常「合格」和「優秀」。

在他的墓誌銘上，刻著這樣的評價：「周旋無違，獻納必可，言大小而皆入，事曲折而合符，恭而不勞，親而不黷，諫而不忤，久而不厭，美暢於中，聲聞於外。」對他而言，算是一種榮耀吧！

2 翻身太監把家當——李輔國

漆黑的深夜，一位矇面人飛簷走壁，悄無聲息地潛入前任宰相的臥室，手起刀落砍掉了他的頭，丟棄在茅廁裡；又砍斷他的右臂，裹了起來，飛馬直奔泰陵祭奠太上皇唐玄宗。這個新聞第二天就震驚朝野，不過大快人心，因為這個前任宰相，就是臭名昭著的宦官李輔國。

在漫長的歷史朝代中，能以卑賤的太監身分爬上宰相職位的，統計下來只有兩個人：除了秦朝的趙高，就是李輔國。

早在高力士成為唐玄宗身邊紅人時，李輔國才被送進宮裡，以閹奴的身分在太子李亨手下從事餵馬的服務行業。這時他還不叫李輔國，據《新唐書》記載，他原名叫李靜忠，粗通文墨，長相非常難以讓人恭維，大概是接近鍾馗的相貌。

在四十四歲之前，李輔國忠於職守，一直默默無聞，似乎也不會有什麼發達的跡象，但是機會恰恰選中了這個其貌不揚的太監。

安史之亂提供給他一個大好良機。很快，京城長安的外層「防火牆」——潼關被攻破，唐玄宗倉皇逃亡四川，李輔國跟從太子李亨到達陝西馬嵬驛，積極而「熱血」地參與了一場處死楊氏兄妹的兵諫，又暗地給太子出謀劃策，提議他向玄宗分一支軍隊，帶兵平叛，趁此機會贏得皇位。太子一聽，覺得老太監深謀遠慮，就聽從建議，帶領一支兵馬到達朔方一帶，進行平叛。

不久，軍隊到達寧夏靈武一帶，李輔國建議太子應該當機立斷，登基稱帝，同時也可以召集天下英豪，鼓舞士氣。沒有得到父皇唐玄宗的授命，這是冒險的一步棋，因為要背負不孝的罵名，猶豫之後太子還是聽取了他的建議，在西元七五六年，也就是安史之亂爆發後的第二年，在靈武稱帝，即唐肅宗，尊唐玄宗為太上皇。

李輔國有了擁立的功勞，被唐肅宗視為心腹，受到大大的封賞，被提拔為太子家的總管，以及高級軍事顧問，實際上掌握兵權。同時被肅宗改名為李輔國，其意為表彰他能成為輔佐皇帝的得力助手，可見唐肅宗對這個太監的器重和期許。

兩京之地收復，安史之亂平息之後，李輔國跟隨肅宗回到長安，被加封為郕國公。其地位竟超越了當朝宰相，宰相與其他朝臣上奏前，必須先經過李輔國這一道「關卡」，奏本必須由他親自過目之後，才被遞給皇帝，然後才被准許面見肅宗。

西元七五七年，太上皇李隆基被迎回長安，過著退隱生活。不過現實並沒有讓他那麼輕鬆自在。

唐肅宗是透過先斬後奏的方式，取得皇位的因而心虛，擔心唐玄宗有可能復位，善解聖意的李輔國就替肅宗解決這個問題，對太上皇步步緊逼。先是把唐玄宗鍾愛的三百匹良馬扣留，只剩下十幾匹；接著遣送太上皇身邊的大部分侍者出宮，包括那位忠心耿耿的宦官高力士，也被治罪流放外地，只留下幾個老弱病殘的太監；玄宗以前的親信官員也紛紛被他強令退休，總之，拔盡了太上皇的「羽毛」。

皇帝頒發詔書都由他簽署通過後才予以生效，宰相李揆都沒有這個權力，而且還對他行晚輩之禮，尊稱為「五父」，其他朝臣更是沒人敢有一點非議之聲，甚至京城以及縣地方的司法案件判決都交由他來做最終決定權。此外，為了防止其他官員對自己不利，李輔國還私自設置了「察事廳子」數十人，專門監視官員的行為。官員不管有什麼小過失，都會被傳訊，進行拷問，因而天下沒有人敢得罪這位炙手可熱的權閹。此外，皇帝還授予他寬泛的任命權，連地方上的節度使，也是直接由他一手委任，職位升降完全是他一句話的事。

皇室宗親李峴三番兩次向皇帝檢舉李輔國，不但李輔國沒有一點事，自己反而被唐肅宗貶到外地做官。宰相蕭華也對這個權閹極其不滿，時常指責他的惡劣行徑，李輔國懷恨在心，視他為死對頭，打算將他排擠下臺，就多次在唐肅宗身邊誣陷宰相。肅宗不耐煩了，就聽了他的意見，把宰相蕭華下放去做地方官，讓李輔國的親信元載接替了宰相職位。

除了皇帝之外，李輔國對任何不利於自己的人都可以下手，包括王子皇孫都在他的掌控之下。肅宗的二皇子建寧王李炎非常聰明能幹，盡心輔佐太子，受到皇帝的讚賞。李輔國感覺不順眼，認為建寧王可能會成為未來的禍害，便與張皇后一起合謀，中傷誹謗建寧王，致使這位皇子被下詔賜死。

李輔國與皇后合謀，是因為他們站在同一條利益戰線上，失去了這個共同的敵人，他們就成為了敵人。但是事實證明，皇后也敵不過老奸巨猾的太監李輔國。

西元七六二年太上皇死後，唐肅宗也處在病危之中，李輔國尋找下一任依靠的主子，就選定了太子李豫，皇后則希望越王李系即位。李輔國發現皇后要密謀暗害太子，立即採取行動，派人保護太子；接著帶兵闖入皇宮抓捕越王，並在肅宗寢室裡搜到皇后。病重的肅宗當天就驚悸而死，皇后以及越王等一干有關聯的人都被砍頭。

在李輔國的擁立下，太子李豫即位為唐朝宗，再一次建了擁立之功，不久李輔國就被封為司空兼中書令。唐朝擔任宰相之職的有三位，李輔國從此成為了宰相之一。面對年輕的皇帝，李輔國權傾朝野，氣焰囂張，還沒當幾天宰相，就向代宗厚顏無恥地聲稱「皇帝只管穩坐在宮中，外面的事情全聽老奴處理」。年輕的皇帝心中不滿，但也只能暫時忍氣吞聲。

不過爬得越高，摔得越慘。不久，宦官程元振掌握了禁軍，這位後繼者青出於藍而勝於藍，彈劾並打擊他的政敵李輔國。唐朝宗趁機逐步解除了李輔國的大權，把他趕出朝中。

這位走下坡路的太監不僅沒有得到別人的同情，而且在某一天，被人刺殺，死於非命。

煮酒論史

唐朝宦官制度發生重大變化，漢朝以來的少府與大長秋宦官系統，被統一歸為內侍省。中唐以後，宦官掌握了中央禁軍，出任地方監軍，還擔任樞密使，名正言順地參與國家決策。內侍省、神策軍中尉制、樞密使制，被稱為唐朝三大宦官制度。從唐穆宗以後到唐亡，八個皇帝之中，有七個是由宦官擁立的。皇帝為了保住帝位，也只得巴結、縱容宦官。

在我們眼裡，太監能當上宰相，「保母」能成為國家總理，都是非常罕見的奇事，但事實如此。正常的皇帝一般情況都不會把這麼重要的職位交給一個身心「不完整的人」，而且沒有多少學問的人，除非這個皇帝不正常，昏庸到了極點。這個皇帝就是唐朝宗。不過唐朝宗還是有理智的，並沒有昏庸到極點，他逐漸對李輔國專權橫行產生不滿和嫉恨。

李輔國是出名的「青蛙男」，閹割後幾乎一無是處，卻竟然能「出人頭地」，簡直是奇蹟。大凡亂國的權閹，都有一套超乎常人的厚黑心術，李輔國是此中聖手。阿諛奉迎，溜鬚拍馬，他不學就會；翻雲覆雨，落井下石，他無所不能；謀害同類，殘殺異己，他從不手軟。從親王、宰相到皇后、皇帝，有用時可成為手中權杖，無用了則手起刀落，痛殺乾淨。李輔國一生忙碌，謀權固位，巧取豪奪，擁城國之富，最後落了個身首異處，屍棄荒野。

他最終傳奇的死法，讓人想起深夜飛簷走壁的紅線女，取人首級如探囊取物一般。惡人悄然死在夢中，雖然連腦袋怎麼搬家的都不知道，卻好歹算是「死也瞑目」了。

3 皇帝只是手中的玩物——王守澄

歷史上沒有幾個臣子敢冒天下之大不韙去弒君，而偏偏就有一位太監膽大包天，竟然親手毒死了皇帝。在權勢的刀尖上冒險，不過最終自己也難逃被賜死的悲慘命運。被殺的皇帝是唐憲宗李純，太監則是王守澄。

對於王守澄的身世背景，來歷不明，什麼時候入宮為太監也不明確，史書記載是從他擔任徐州監軍時，才開始浮出水面。

西元八一八年，襄陽節度使李愬被改派到徐州時，宦官王守澄擔任其下屬監軍一職。李愬在與他交談時提到了鄭注這個人，就將此人推薦給王守澄當手下。鄭注是一個奸猾之徒，特長是拍馬屁巧言令色呼隆人。王守澄原本不喜歡他，不過看重他的隨機應變能力，就把他留在自己身邊，成為將來可以利用的棋子。

不久，王守澄被召回京城，鄭注也跟了回來。回到皇宮，王守澄發現年老的唐憲宗竟然愛好求仙，迷戀上了長生不老藥，到處派人尋求方士，為自己煉丹。頗有心計的王守澄立即投皇帝所好，派人搜尋長生丹並向他推薦方士。很快，他就受到唐憲宗的賞識，跟隨在皇帝左右。

誰知長生丹不僅不能延長壽命，反而成了催命藥，唐憲宗沒幾個月就因慢性毒藥發作，病危在寢室。這時朝中最重要的事情不是怎樣救活皇帝，而是確定誰來繼承皇位。有兩個人選，一個是太子李恆，宦官王守澄和梁守謙等人擁護；另一個是澧王李惲，擁護者為宦官吐突承璀。

王守澄這夥人有心計，深知先下手為強的道理，就在半夜裡派小太監陳弘志，將臥病在床的憲宗用枕頭悶死，聲稱皇上喝了金石藥不幸突發身亡，並且將罪責牽連到一個和尚與一個方士身上。接著，在王守澄的擁立下，太子李亨繼承皇位，即唐穆宗。

接著，王守澄建議皇帝把敵對的吐突承璀、澧王李惲等人治死，以絕後患，這樣日後也少了勁敵。為了穩定不安的局勢，王守澄又透過賞錢收買京城將士的人心。

唐穆宗能如此突然地成為皇帝，興奮之餘，沒有忘記王守澄擁立的功勞，對他抱著感激之情，讓他加入知樞密事。這可是國家最高國務機關部門，從此王守澄掌管著軍政機要事務，同時受到皇帝的額外寵信。

掌握了實權，王守澄不失時機地專權弄職，欺上瞞下。穆宗皇帝經常到宮外遊玩，荒廢朝政，遭致牛、李朋黨之爭，王守澄就利用這個機會在京城混水摸魚，肆無忌憚地貪贓枉法，收受賄賂，賣官鬻爵，用盡一切手段中飽私囊。跟隨他的鄭注也學著王守澄的作風，胡作非為，大造富麗堂皇的宅邸，用搜斂到的財富賄賂王守澄，自然也得到了很多好處。

唐穆宗死後，十六歲的長子唐敬宗即位，不過他壓根就不是當皇帝的料，從小到大就會一件事：瘋狂地遊玩，而且在這方面比起他老爸有過之而無不及。他上任後第二月就開始鍾情於擊球遊戲，整個皇宮裡的中和殿、飛龍院等地無不都成了他的「遊樂場所」，除了瘋玩就是大擺筵席，壓根就不上朝，身邊的太監也沒有人規勸他，打算陪他玩到底。

在這些宦官群裡也分成兩派，除了王守澄掌權派，另一派以劉克明為首，日夜覬覦著王守澄的位子。寶曆二年，唐敬宗與宦官白天玩完捉狐狸的遊戲，晚上照例擊球、設宴，宦官劉克明等人預謀已久，就在當天晚上殺死這位沒長大的皇帝，私下偽詔，趁勢要奪取王守澄的權力。身為樞密使的王守澄毫不示弱，聯合自己的黨羽，一面將唐敬宗的二弟迎回宮中，一面主動出兵討伐劉克明。最後，將劉克明等人一網打盡，順利擁立李昂登基，即唐文宗。

西元八三四年，王守澄將鄭注推薦和安排到唐文宗身邊，其實是讓他做間諜。單純的皇帝畢竟不知道「老狐狸」心中的詭計，把鄭注當作「國寶級」人物，先後封他為太僕卿、工部尚書等職位。看到鄭注得官如此順利，李訓與羅立言等人也紛紛如法炮製，向王守澄多次賄賂，也如願得到了不同的提拔。透過這樣簡便、易行的錢、權交易方式，王守澄竟然十餘年來屢屢得逞，為自己賺取了「豐盛」的財富，估計他除了上班時間外，就剩下回家坐在床上數錢了。

不過逐漸長大的皇帝，開始對宦官專權有所不滿，打算用大臣來抑制宦官的權力。翰林學士宋申錫成為唐文宗的「殺手鐧」，被提拔為宰相，並暗中命令他部署剷除太監的行動計畫。王守澄做為最有權勢的太監，必然是要扳倒的對象，他身邊的得力黨羽如鄭注這些人，則成為先下手的目標。不過王守澄的耳目眾多，誅殺鄭注的風聲很快就被洩露，抓捕犯事先逃脫，這次計畫失敗，而且還打草驚蛇，致使王守澄從此處處警惕和防範，對宰相宋申錫恨之入骨，開始與鄭注合謀陷害他。

王守澄與鄭注兩人沆瀣一氣，一面向皇帝上奏誣告宰相企圖顛覆皇位，陰謀擁立漳王稱帝；一面教唆自己的黨羽投遞檢舉信，揭發此事，製造偽證。唐文宗一時難以辨別真假，最終宰相宋申錫被貶到開州，後來死在這裡。漳王也成為了犧牲品，被貶之後死於巢縣。王守澄再次得逞，開始肆無忌憚地將反對他的大臣除之而後快，許多大臣先後被貶到外地，終生不能回京。

警戒心極強的王守澄誓不甘休，暗中聯合鄭注、李訓等得力手下，在短短不到兩年間，就把唐文宗呼隆得不知所措，使李德裕、路隋和李宗閔三位宰相先後被罷黜放逐，其他大臣更不用說了，被貶殺者不計其數。

小人之間的聯盟僅僅糾結於利益上，唐文宗開始改變策略，讓太監之間搞分裂，然後透過宦官的勢力來消滅宦官自己。唐文宗將鄭注與李訓兩人重重提拔和封賞，利用這兩人來打擊王守澄。很快王守澄就眾叛親離，自己的盟友轉身成為了對手，而這一切他被蒙在鼓裡，一切計畫都在暗中進行。

這兩人聯合其他有實力的宦官，建議皇帝將王守澄的死黨陳弘志以調回京城為名義，在半路上設下埋伏，將他剷除，使王守澄失去了羽翼。皇帝沒有了後顧之憂，封王守澄以虛職，很快就解除了他的實權，然後將他下放到外地。

多行不義必自斃，作惡的人最終很難會有好下場。太和九年，在王守澄離京前夕，皇帝派了一位宦官為他餞行，喝過踐行的毒酒之後，這位權傾一時的太監就在途中七竅流血而死。

煮酒論史

中國明末清初的思想家和政論家唐甄，在《潛書》中這樣描繪太監：「望之不似人身，相之不似人面，聽之不似人聲，察之不近人情。」翻譯成白話就是：他們長得臃腫、彎曲，好似長了癭結，鼻子裡呼呼作響，如同牛和豬一樣，因此不像人的身體；他們長著男人的頰骨卻不是男人，沒有鬍鬚卻不是女人，雖然面如美玉卻沒有一點生氣，因此不像人的面容；他們的聲音好像兒童一樣稚細卻不清脆，好像女人一樣尖細卻不柔媚，你說它嘶啞但又能成聲，你說它如猩叫但又能成人語，因此不像人的聲音；他們可以很愛人、也能下毒手害人，當他們憐憫你時流涕而語，而當他們憎惡你時，則斬殺如草，因此不像人的感情。

生理的變態必然導致心理的變態。太監的冷酷險狠，都超出常人許多倍，在「見不得天日」的後宮，太監肆意發洩著他們變態的性慾、權力慾、貪慾。

中國歷史上臣子弒殺皇帝的案例並不罕見，尤其是在各個王朝的晚期，皇帝的「職業危險性」更是非常大。

據統計，中國整個封建時代總共四百餘位皇帝，被弒殺的就有六十一位，皇帝的死法也各式各樣，行兇的臣子首當其衝的，就是整天跟在皇帝身邊的太監，另外還有皇后、兒子、姪子、外公、岳父、將士、外敵……

弒殺皇帝的臣子往往都是有陰謀的，劉克明做為歷史上弒殺皇帝的兇手之一，他無非是藉由另立的新皇帝來把持朝政，為所欲為。小皇帝被身邊的太監哄得團團轉，權力就自然而然轉移到這群非正式的「監護人」身上了。

可見，血腥的政治，無不圍繞著錢與權展開，這是一個官場定理。

4 御帝高手——仇士良

一個太監在短短的一生中，竟然先後殺了兩位王爺、四位宰相、一位妃子，其他臣民則不計其數，聽起來讓人咋舌。這人就是唐中期的宦官仇士良，他的「歷史成就」竟能如此顯耀，在所有的封建臣子中找不到第二個，更何況是在宦官群裡，他在殺害上司這方面的能力絕對是出類拔萃的。

仇士良和上文主角王守澄幾乎是同朝宦官，相較而言，兩人的經歷和勾當幾乎相近，不過仇士良的發跡稍晚一些，尤其是在王守澄被貶毒死後，他才一躍成為朝野上不可一世的權閹。

他最初進宮當太監是在唐順宗時期，職位很低，工作任務是伺候東宮太子李純。不過身染沉屙的唐順帝上任七個月就下臺，將皇位禪讓給太子，即唐憲宗。正因為服侍過太子，仇士良很順利地被唐憲宗提拔為內給事，接著又被任命為監軍，逐漸爬進權力的中心。

身為監軍，還沒完全得勢的太監，這時就已經顯露出驕橫野蠻的本性。仇士良有一次途經敷水驛，投宿官方驛站，正巧監察院長元稹當晚也在這裡過夜，先他一步住在上房。仇士良卻蠻橫地讓元稹搬出來讓他住。監察院長得理不讓，仇士良不肯善罷甘休，於是兩人動起手來。必然是書生敵不過流氓，元稹被打得流鼻血。第二天，官員爭毆的新聞事件轟動中央，元稹的監察院同事王播對仇士良上奏彈劾，要求依法懲治。仇士良早就有心理準備，根本不在意。果然唐憲宗不但沒有處分他，反而將監察院長元稹貶官降職，其他朝臣同事紛紛不滿，元稹才勉強被升為通州司馬。

仇士良仗勢欺人，第一次與同事爭鬥就贏得了傲人的「勝利」，讓他更加確信皇帝是偏袒自己的，致使他在得意之外更加有恃無恐，肆無忌憚，幹違法犯罪的事情就像吃飯一樣隨便。

此後，仇士良多次被授命為內外五坊使。這五坊就是指雕坊、鶻坊、鷂坊、鷹坊和狗坊，他專職為皇帝提供狩獵等各類運動和娛樂項目。趁此機會，仇士良帶人在民間到處放鷹走狗，破壞莊稼，擾亂社會公共秩序。那些鷹犬誤投鄉間落網，百姓不僅會受到重罰，還會導致家破人亡，史書上稱他比強盜還要野蠻殘暴。

晚年的唐憲宗迷信神仙方士，大吃長生丹，藥性一發作，性情也隨之變得乖張異常，伺候在他身邊的宦官動輒就被斥罵鞭打，甚至被賜死，不過仇士良見狀能及時進退，安然無恙。不久，這群難以忍受的宦官，在西元八二〇年謀殺了唐憲宗。昏庸的唐穆宗李恆接班，元稹被提拔為宰相。仇士良因為曾經跟現任宰相發生過衝突，毆打過人家，自知元稹不跟他算帳就已經很便宜自己了，自然識時務，不敢張狂，在皇宮裡規規矩矩安安分分地當太監。

不過，四年後唐穆宗就病逝了，繼承人為唐敬宗。又不到四年，荒淫無度的皇帝在更衣室裡被宦官劉克明謀殺，宮中另一派太監王守澄殺死同事劉克明，擁立唐文宗即位，宮中政局才暫時穩定下來。在宮中這一系列的政變期間，仇士良雖然沒有成為中心人物，但在擁立唐文宗時也站對了陣營，可見他處處見風轉舵，狡猾至極，才得以明哲自保。

唐文宗繼位後，對擅權干政目無皇帝的太監王守澄十分不滿，仇士良與王守澄屬於兩個對立陣營，向來不和，皇帝打算以毒攻毒，憑藉仇士良等人來剪除王守澄。

王守澄原來的手下鄭注和李訓也被皇帝買通了，對於王守澄，這是釜底抽薪的一招，很快王守澄就被降職外放並且暗中毒死。不過文宗繼續想剿滅宦官勢力，便利用鄭注和李訓想將仇士良這夥宦官消滅，這樣一來，發生了一場「甘露之變」。

西元八三五年冬天，有人奏報宮中夜降甘露，李訓派仇士良去查驗是否屬實。不巧事先埋伏好的兵士因一陣風颳起，被仇士良發現，他及時退回，並且順勢將唐文宗挾持起來，從而以皇帝名義頒布詔命，掌控朝政。甘露之變最終以失敗告終，仇士良得勢專權，唐文宗被軟禁，經常嘆息說自己被家奴欺負，卻無可奈何。

仇士良接著打擊和報復曾企圖殲滅自己的宦官和政敵。宦官鄭注、李訓，宰相舒元輿、王涯，其他大臣如賈余、王璠等都被列入斬殺的黑名單裡。很快京城中一片腥風血雨，仇士良派軍隊以搜捕盜賊為名，將其他宦官的羽翼大肆殺戮。李訓在出逃時，因腿腳不痳利被抓，當即被砍頭。兩位宰相先後也都被捕入獄，強行逼供，接著宰相全家也被送進監獄。

唐文宗按時上朝，宰相王涯沒來報到，許多大臣也缺席，他驚訝地問原因，仇士良直接上奏說王涯謀反，並把威逼的供詞呈上，皇帝儘管不信也無可奈何。左僕射令狐楚私下向皇帝提醒說王涯謀反之事未必真實，仇士良聞知後，隨即將他貶到外地。接著仇士良狠下辣手，將黑名單裡的人悉數誅殺，包括他們的家屬也一併被殺盡，甚至連女嬰也不放過。宰相王涯最終也沒保住性命，宦官鄭注不久也被殺掉，從此朝中完全由仇士良一人把持。新任宰相鄭覃與李石只不過寫個文書，沒有任何權力，升官降職和生殺獎懲都由仇士良決策。

宰相李石有些骨氣，不滿仇士良飛揚跋扈的行徑，有時當面頂撞仇士良，仇士良從此反感李石。西元八三八年，李石騎馬上朝時，途中一支冷箭射過來，不過沒中目標。馬受驚後，宰相趕緊打道回府。不料，仇士良早就在他家門口埋伏了一批殺手，等他自投羅網。幸虧李石腿腳痳利，只被砍斷了馬尾巴，最終倖免於難，嚇得向皇帝辭職。唐文宗無奈之下只得派他去外地做節度使。

唐文宗在位期間幾乎沒有自主權，完全被仇士良架空，形同虛設。做了多年傀儡皇帝之後，西元八四〇年唐文宗病死，選擇姪子做為繼承人。不過這個皇帝接班人沒有經過仇士良的同意，很快被弒殺。仇士良另將文宗的弟弟李炎推上皇位，即唐武宗。

在仇士良眼裡，這個皇帝是他一手「提拔」的，自然要聽從他的意見，對武宗經常指手畫腳，想再次要皇帝成為他的傀儡。不過唐武宗可不是軟弱無能之輩，他喜怒不形於色，對仇士良內心嫌惡、表面上依然表示恭敬，接著提拔李德裕為宰相，不失時機排擠權宦仇士良。

西元八四二年，李德裕提議降低禁衛軍的軍餉，仇士良趁機鼓動禁衛軍，向李德裕圍攻。李德裕看清仇士良的陰謀，向皇帝告急。唐武宗向禁軍明令宣旨，保護了宰相，平息了這場風波，這也是唐武宗第一次有效實施了自己的皇權。接著，唐武宗藉機將仇士良降職為內侍監，削弱他的權力。

仇士良這隻老狐狸有先見之明，察覺自己作惡多端，權力在逐步下降，不知哪天就被剷除，所以提前脫身。他第二年就向皇帝辭職，告老還鄉。既然這個惡人能自動退出，皇帝也就不再追究他的罪行，將他放還。

當那些太監同事為他送行時，仇士良還向他們傳授駕馭主子的「狐狸經」：「不要讓皇帝閒著，應該盡力用奢靡的聲色遮蔽他的耳目，讓天子沉迷於享樂之中，這樣皇帝沒有工夫操心別的事，我輩才會出人頭地……」他還指導太監同事千萬不要讓皇帝讀書，否則皇帝明白前朝興亡道理，對太監就會產生排斥之心。

仇士良離開京城不久，一道詔書傳來，他被削去官爵，家產被查抄，只留下一條卑賤的性命。

煮酒論史

宦官稱「太監」，是隋唐以後的事，地位較高的內監就被稱為「太監」。唐高宗時，改殿中省為中御府，以宦官充任太監，少監。後宦官亦通稱為太監。到了明朝，宦官權勢日增，人們就把所有宦官都尊稱「太監」，太監也就稱為宦官代名詞了。在唐朝，宦官由內侍省、掖廷局、宮闈局、奚官局、內僕局、內府局管理。掌管宮內的簿冊、門衛、病喪、倉庫供應等事項。不過從唐德宗朝開始，軍政大權開始被宦官集團把持，不僅文武百官出於其下，甚至連皇帝的廢立也由他們決定。宦官專政，成為中、晚唐社會的一大痼疾。

本文中，這是個比主子還厲害的奴才，準確說是太監，皇帝在他手中就像三歲小孩一樣哄著。更為難得的是，他還能將控制皇帝的一套把戲總結成經驗，而且在退休時把自己的「御帝」經驗傳授給後人，可以說是權閹中的「宗師」級人物。

仇士良在皇宮裡當奴才，先後伺候過六位主子，擁立過兩位皇帝，但實際上這些主子只不過是他操縱的傀儡，使他得以專政長達二十多年，並且在其陰謀之下，製造了歷史上血腥的「甘露之變」，朝中公卿大臣慘遭其毒手，而且死在他手中竟有很多是王侯和宰相這些中央級的行政長官。

在皇權時代，這個被閹割的奴才竟然玩弄皇帝於股掌之間，完全是「一流」的政治陰謀家，從而也成為後世那些野心勃勃的太監效仿的「榜樣」和頂禮膜拜的「精神偶像」。屈指數來，像他所做的這樣「轟轟烈烈」的事蹟，大概歷史上只有明朝的魏忠賢可以比肩了。

5 把皇帝哄成兒子──田令孜

俗話說：富不過三代，這句話用在皇室家族，似乎同樣適用，當然不一定就是確切的「三代」這個數目。唐朝到了晚期，李家子孫一代不如一代，國家最高領導人無不昏庸無能，淪為敗家子。唐僖宗的破壞性比起唐敬宗來更是有過之而無不及，因為他極端寵信一位太監，並且肉麻地把「無根」的奴才稱為「阿父」。皇帝拜太監為爹，簡直荒唐可笑。

當然太監田令孜不可能一開始就受到皇帝信任，他是透過各種伎倆一步步升到這個位置上的。田令孜並不姓田，本姓陳，四川人。他家很窮，就拜家鄉一位姓田的官員為義父，才得以被帶進宮，透過走後門做了太監。

剛入宮的田令孜身分地位非常低賤，幾年後，才被升為小小的「弼馬溫」，負責管理從地方選進宮的馬匹。不過田令孜比較聰明，從小又讀過很多書，因而智謀過人，富有心機。他明智地結交了一個主子，就是普王李儇，也就是日後即位的唐僖宗。田令孜以下人的身分竟與李儇打得火熱，兩人關係非常親密，經常一起玩，甚至還陪著李儇一起睡覺，這為自己將來的飛黃騰達打好了牢固的基礎。

西元八七三年，上任皇帝駕崩，十二歲的普王繼承皇位，即唐僖宗。做為皇帝的奴才，更重要的是好朋友，田令孜不需要建功立業，也不需要拍馬逢迎，憑著這個優勢，就直接被提拔為樞密使。從小宦官一躍躋身於中央權力部門的長官，簡直是平步青雲。但是，田令孜的恩寵並沒有結束，雖然沒有功績，他不久又被榮升為皇家禁軍統領。

田令孜整天跟隨著皇帝，只有國中生一般大的唐僖宗只會貪玩，就把政事一股腦兒交給他來處理，並且幼稚而愚蠢地口口聲聲尊稱田令孜為「阿父」，榮耀至極。田令孜成為實質上掌權者，皇帝成為他的乾兒子，並且非常信任這個乾爹。

掌權之後，田令孜首先將自己貧賤家族的所有親戚提拔上來，給他們一一封官加爵，光耀門第。他的哥哥陳敬瑄原本只是街頭賣燒餅的，田令孜向鎮守許昌的節度使崔安潛，替哥哥要求兵馬使的官職，不過人家沒答應。田令孜一發狠，直接安插哥哥在自己的部門裡供職，不到幾年就提升哥哥為大將軍。當然，對於崔安潛沒有順從自己這件事，田令孜一直耿耿於懷。這個仇沒報，是因為他暫時還沒找到機會而已。

機會是製造出來的。

對於田令孜這麼奸猾的人肯定不是難事。如今崔安潛鎮守西川地區，田令孜想把他排擠掉，就向唐僖宗提議讓哥哥陳敬瑄以及其他三人去鎮守西川。好玩的皇帝接受了這個建議，不過希望這四個人透過打馬球的方式互相競賽來爭取優先選擇權。比賽評審早就想巴結田令孜，不用說陳敬瑄得了第一名，任命為西川節度使，把崔安潛的位置替換了。當陳敬瑄的任命消息傳到成都時，官民都非常驚訝，完全不知道陳敬瑄立過什麼功。

除了將親戚安排到重要職位上，田令孜還利用職權，肆無忌憚做著賣官鬻爵和貪污受賄的勾當。他任命官員壓根就不需要向皇帝彙報，只需要一道公文就能實現。因而奸商大戶紛紛向他求職買官，田令孜賺得盆滿缽滿，富可敵國。

荒淫無度的唐僖宗整天享樂，動不動就給樂工和歌姬賞賜萬錢，幾年下來耗資巨大，致使國庫虧空。田令孜就向皇帝出謀劃策，直接向財主商人打主意，命令京城裡的他們，將自己的金銀珠寶登記入冊，然後強令送進國庫，專供皇帝享樂揮霍之用。忿忿不平的財主商人向官府投訴，反被送到司法部門用亂棒打死，以後再也沒人敢告狀了。對於這件事，雖然宰相以及群臣明知這是違法行為，但也不敢有所異議，以免惹火燒身。

這樣的國家領導人，加上這樣的臣子，正是唐王朝走向末路的衰亡徵兆。

西元八七五年，以王仙芝為領導的農民起義爆發，城池被攻陷，接著黃巢領兵回應。唐軍屢戰屢敗，農民局勢如破竹，直逼長安京城。掌握兵權的田令孜並沒有聽從皇帝的命令發兵抵抗，而是一味建議皇帝向四川避禍逃難，因為他哥哥鎮守那裡。很快起義軍攻破潼關，田令孜擔心皇帝怪罪自己，便嫁禍於人，將罪責全部推給宰相盧攜，將他貶職，致使憤恨不平的盧攜當晚服毒自盡。

緊要關頭下，田令孜還是挾持著唐僖宗逃往四川，第二年春天才到達成都。剛到成都，田令孜就晉升為護衛將軍，加封晉國公爵位，天子完全處在在他們兄弟兩人的掌控之下。不過田令孜偏私，經常賞賜京城的將士，卻對蜀軍的賞賜極為吝嗇，並且還想謀害蜀軍頭領，導致蜀軍叛亂。田令孜連忙帶著皇帝逃難，直到哥哥陳敬瑄領兵到來才平息了這場風波。

唐僖宗整天跟田令孜這群宦官圍在一起商量如何收復京城，卻把一幫大臣晾在一邊。左拾遺孟昭圖上奏請求群臣共同商量政事，奏本卻被田令孜扣留，將他貶職，並派刺客在途中將他淹死。

西元八八三年，在沙陀將領李克用的援助下，黃巢農民起義最終失敗，京城被收復，田令孜帶著唐僖宗回到長安。在論功行賞期間，田令孜故意把抗戰勝利的功勞記在宦官頭上，極力壓制其他將領，而且強詞奪理說都統王鐸沒有戰功，將他貶為義成節度使，副都統崔安潛也再次被貶職。楊復光的哥哥楊復恭與田令孜向來不和，田令孜將楊復恭降職為飛龍使。

此外，田令孜還積極培植自己的黨羽，擴大自己的勢力，重賞王建、韓建、張造、晉暉、李師泰這五人，並收他們為義子，將他們各加封為統帥，號稱「隨駕五都」，儼然自己的私人軍隊。自此，田令孜不把皇帝的命令放在眼裡，甚至唐僖宗都要聽從他的指令。

雖然黃巢起義失敗，但戰爭之後各地藩鎮割據勢力明顯強大，不聽中央政府的號令。田令孜魯莽地削奪藩鎮的權力和財政，立即引起藩鎮將領的憤怒，李克用與王重榮合謀上表要求誅殺田令孜等人。現在唐僖宗雖然為皇帝，但沒有這個權力，田令孜安然無恙，李克用等人藉機率軍朝京城奔來。緊迫之下，田令孜再次挾持皇帝出逃至鳳翔，接著又強迫皇帝逃到寶雞，藩鎮的軍隊向寶雞進攻，他又帶著皇帝逃到漢中避難。

然而這時田令孜挾持的皇帝已經「失效」了，西元八八六年，一些藩鎮將領重新擁立襄王李熅稱帝，田令孜見狀知道自己將要走向窮途末路，不得已逃向成都投靠哥哥陳敬瑄。

兩年後，唐僖宗病死，宦官楊復恭又另立壽王李曄為帝，替代了田令孜以前的職位，並出調他的乾兒子王建。田令孜希望王建能與他同心協力一起對抗朝廷，便寫信請他來成都。王建帶著軍隊到了半路，田令孜又反悔，拒絕他來，王建憤怒之下圍攻成都。

田令孜只好透過和議，允許王建進成都。誰知田令孜剛一打開城門，就被這位包藏禍心的乾兒子軟禁，關押起來。不久，田令孜和哥哥陳敬瑄被王建用三尺長綾賜死，兄弟二人雙雙身亡。

一個太監身為皇帝的乾爹，卻最終被自己的乾兒子整死，他的一生真的是充滿了戲劇性。

煮酒論史

中國古代歷朝基本上都不反對宦官娶妻和收養義子。

在唐朝，宦官對配偶有許多要求的，歸納起來，大抵有如下幾種情況：首先是重視門第，找所謂的「名家」、「盛族」提高自己的地位。權閹仇士良娶妻胡氏，乃是已故開府儀同三司、檢校太子賓客兼御史大夫、贈戶部尚書胡承恩之女，可謂家世顯赫。唐肅宗時，奸宦李輔國娶的是權臣元擢之女，同樣出自名門。

其次，重視女方的德行賢淑。一要恪守婦德，耐得住寂寞。若像潘金蓮那樣的就算了，省得面子沒賺到反而賺個綠帽子。二要能操持家務，贍養教育子女。當然是養子或者養女。朝廷規定宦官只允許收養一子，但事實上收養數子乃至數十子、數百子的大有人在。這些人以自願閹割為代價，不惜改名換姓，謀求進達。唐朝權閹中，楊思勗本姓蘇、高力士本姓馮、楊復光本姓喬、楊復恭本姓林、田令孜本姓陳，後來都隨其養父而改姓。

三要長的漂亮，而且還得年輕。比如高力士的老婆，模樣跟楊貴妃有得拼。

命喪自己養子之手的太監田令孜，之所以發跡是他很早就能有機會伺候普王，也就是未來的皇帝，打好了「關係牌」，兩人形成了近乎朋友的關係，受到了未來皇帝的信任。田令孜在意外之中贏得了別人沒有的資本。十二歲的娃娃就是坐上龍椅，頭腦裡也沒有國家政治的概念，更不要說使用手中的權力了。小皇帝最親密的人就是田令孜，更過分的是，太監被皇帝親口叫爹，他竟也受之無愧，簡直天下第一可笑的君臣關係。在這層特殊關係中，田令孜得到了皇帝給予的「實惠」，各種權力統統移交到他的手裡，皇帝只是被玩弄的毛小孩子。

權力是好東西，在於它能為所欲為。不過農民起義的爆發，以及藩鎮割據勢力的增強，致使田令孜想繼續把持皇帝的夢想破滅，在眾叛親離之中他最終被自己的養子害死，可謂死有餘辜。

6 六百太監「孝子」的爹——楊復恭

唐懿宗時，有兩位太監是堂兄弟，不過他們一個姓林，一個姓喬，而且來自不同省分不同家族，這是怎麼回事？原來他們先後被兩位同族宦官收為養子，前者被楊玄翼收養，改名叫楊復恭；後者則被楊玄價收養，改名叫楊復光。透過「走後門」，才得以入宮做太監。不過本文的主角是楊復恭。

楊復恭雖然在唐懿宗時進宮，但直到唐僖宗時才開始發跡。《新唐書》裡記載他通文墨，也就是說他還是有一定「文化內涵」的，因而經常被委派為督察，監督各地藩鎮。

此時，朝中大太監田令孜把持著權柄，皇帝只不過是傀儡。不久唐懿宗病死，唐僖宗被他推上龍椅，仍然受其牽制和挾持，群臣沒有人敢站出來指責他。楊復恭不怕事，他多次冒著「槍打出頭鳥」的危險在朝堂上與田令孜爭辯，不肯屈從，自然被田令孜視為眼中釘。

不久爆發了黃巢農民起義，起義軍猶如摧枯拉朽一般，很快就攻破了東都洛陽，一個月後攻破京城長安。田令孜挾持皇帝去成都避難，身為大將軍的楊復光戰死在河裡。田令孜這下無所顧忌，趁機將楊復恭貶為飛龍使。楊復恭自然氣憤不已，索性以養病為由，閒居在藍田這個僻靜的地方，面對戰亂和政局動盪，坐觀其變，等待時機。

擅權專政的太監田令孜，不但引起群臣以及宦官內部的矛盾和不滿，同時還激起了各地節度使的強烈反對，要求誅殺這個奸臣。西元八八五年，節度使李克用與王重榮，聯合以討伐田令孜為名義，進攻長安，田令孜不得不再次挾持唐僖宗逃到漢中。皇帝也逐漸不滿田令孜的專橫霸道，為了保住皇位，楊復恭這才被提拔，恢復到原來的樞密使職位。皇帝之所以提拔楊復恭，是因為知道他與田令孜之間不和，藉助仇人更容易除掉對方。

田令孜非常識時務，眼見自己成為過街老鼠，避免矛頭都指向他自己，於是謙遜一回，主動向朝廷辭職，還推薦對頭楊復恭接替自己的職位。楊復恭立即被升任為左神策中尉，掌管禁衛軍兵權。唐僖宗回到京城後，楊復恭又被加封為觀軍容使，成為全國總兵統帥，同時還被賜予魏國公爵位，一時權勢與地位榮耀無比。

楊復恭剛一復出就能享受這樣尊貴的榮耀，看來他以前的「下野」絕對是聰明之舉。接著他明智地順應民心，以「清君側」名義，將田令孜的大批爪牙和黨羽逐漸罷黜，從而使朝中清明了許多。

不過唐王朝已經走向窮途末路，各地藩鎮軍閥開始不服從中央命令，更不把皇帝放在眼裡。西元八八六年，武將朱玫與李昌符等人另立政權，擁立襄王李熅為皇帝，與舊中央分庭抗禮。

這時楊復恭出面斡旋，向全國傳令檄文，以封賞邠寧節度使做為引誘條件，啟用軍閥李克用和王重榮領兵討伐朱玫等叛賊。與此同時，楊復恭的養子也被封為都尉，領兵參加討伐戰爭。這個時候，朱玫集團出現內訌，很快就面臨分裂瓦解的危機，討伐的軍隊還沒到來，李玫就被自己的下屬部將殺害，冒牌皇帝李熅最終死在王重榮的亂箭之下。這場叛亂終於平息後，楊復恭的地位更加鞏固。

西元八八八年，沒過而立之年的皇帝從成都逃亡返回京城，不久就溘然病逝。做了一生傀儡的唐僖宗終於解脫了，不用面對千瘡百孔的大唐江山，而是將這個爛攤子留給了下一任繼承人。這個繼承人就是唐昭宗，當然是由權宦楊復恭一手扶持和擁立起來的。由於唐僖宗死時還沒有確定接班人，各位大臣對舉薦人各有爭議，楊復恭在朝中權勢最大，掌握著兵權，說話自然有足夠份量，他擁立五皇子李傑。在這場爭權奪位的政治競爭中，最終還是以楊復恭為首的宦官集團「勝出」。

已經掌握兵權的楊復恭有了擁立之功，在新皇帝的授命下，又受到豐厚的賞賜，加封開府、金吾上將軍，權勢更加炙手可熱。他再次把持著朝政，皇帝只是個演員，他就像一位大腕的導演，隨時策劃和指揮著朝中各項大小事務。除此之外，他為了擴大自己的勢力範圍，廣收養子，培植黨羽，致使他的乾兒子竟然多達六百人。這些人被封為各地的節度使，掌控著地方的軍政大權，當時人稱這些養子為他的「外宅郎君」。

現在楊復恭把持著中央，他的眾多養子把持著地方，從中央到地方，從上到下幾乎全都被這位宦官控制，但這還不夠，按照「順我者昌，逆我者亡」的鐵血原則，楊復恭極力剪除異己份子，其中就有國舅王瓌。王瓌也想撈個節度使來當，唐昭宗不敢擅作主張，就跟楊復恭商量，楊復恭擔心外戚勢力一旦強大就會對自己不利，便百般阻撓，向皇帝建議給王瓌一個閒職。王瓌的願望破滅，並聽說這是楊復恭出的主意，就耍起了脾氣，直奔皇宮，破口辱罵楊復恭太監專權。楊復恭面不作色，表面答應讓國舅擔任黔南節度使，但心裡早就盤算好對付他的手段。

王瓌帶著家眷離京乘船赴任，楊復恭吩咐養子楊守亮跟蹤行刺。當王瓌的船行到利州時，因船底漏水很快沉到江底，王瓌全家被淹死，不用說這是楊守亮幹的好事。楊復恭不費吹灰之力就讓國舅全家「消失」，方解其心頭之恨，這也足見他的爪牙黨羽之多，權勢之強。

雖然上奏的官方報告說是國舅中途船隻出現故障，從而不幸遇難，純屬意外事故。但終究紙包不住火，唐昭宗還是知道了其中真實內幕，自此對楊復恭心存怨恨，開始策劃剷除這個當權派太監。

很快楊復恭的養子楊守立，就被唐昭宗用高官厚祿收買。楊守立刻反叛，告發乾爹的種種違法犯罪行為。皇帝當下藉此罪名解除了楊復恭的兵權，給他降職處分，令他離京赴任。楊復恭心有不甘，竟然抗命不遵，拒不就職，還耍大牌，以養病為由向皇帝請求回老家。唐昭宗順水推船，將他免官，勉強給他保留了上將軍的空銜。楊復恭一氣之下把使臣殺了。這下罪名就大了，楊復恭成了通緝犯，由他的養子楊守立來逮捕他。

楊復恭豈能坐以待斃，他積極武裝，並投奔楊守亮，藉助他的兵力，以討伐楊守立為名反叛朝廷。唐昭宗派大軍鎮壓，楊復恭聯合起自己那些各地的養子領兵對抗，但結局並不如願，他與那些養子先後被抓捕，處以極刑。

一場宦官興風作浪的政治作亂終於得以平息，但整個唐王朝卻終究沒能挽回衰亡的命運。

煮酒論史

歷史上，由養父養子相繼相承的宦官家族，以唐朝中後期的楊家最為典型。這一家族自唐德宗貞元年間任職左神策軍中尉的楊志廉開始，活躍於權力核心長達一百多年，號稱「世為權家」。其中以「守」字排行的楊氏第五代養子，僅史書所載且能名、職對應者即有數十人之多，如楊守立任天威軍使、楊守信任商州防禦史、楊守貞任龍劍節度使、楊守亮任興元節度使、楊守宗任忠武節度使、楊守忠任洋州節度使等。其他有姓名無職務或有職務難考姓名者更難以計數。

太監楊復恭沒有生育能力卻有幾百個「後代」，必定嚇人一跳。不過這些後代只是他的養子，而且其中不少都是主動拜他為乾爹的。當然，楊復恭最初也是稱別人為乾爹，才得以從官場逐漸攀爬上來，也許他日後的發達，就是為了彌補當年不平衡的心理。

楊復恭能「識時務」，積極地站對立場，透過扶助擁立新皇帝，從而贏得主子的寵信，這是他人生最大的資本。他擁有了兵權就結黨營私，弄權專斷，藉用各種「殺手」來剷除異己份子，這一招絕對夠狠，也非常有效果，排除了自己的「障礙物」。

不過，最終楊復恭還是斷送在自己的那些「孝子」手中了，其中最關鍵的是，他的惡行使自己失去了皇帝的信任。在皇帝的整治下，這個權勢蓋天的太監受到制裁，驗證了「多行不義必自斃」這句古話。

7 太監當法官，皇帝做被告——劉季述

唐昭宗面臨宦官專權的處境，終於透過以毒攻毒的策略，將大太監楊復恭消滅了。一大批宦官都在這場剿滅計畫中喪生，而皇帝卻遺漏了一個大禍害，他就是太監劉季述。致使自己被這個人幽禁起來，做了階下囚，終生恥辱。

其實劉季述與楊復恭曾共事過，就是在擁立唐昭宗登基時。當時很多臣子提議「選舉」另一位皇子為繼承人時，劉季述站在楊復恭這一邊，支持和擁立唐昭宗，從此得到皇帝的信任。然而，即使最親信的家奴也是靠不住的，唐昭宗最後的下場就是一個明證。

劉季述在唐僖宗時，雖然出身比較低微，但透過努力還是獲得一些地位，擔任右軍中尉之職。唐僖宗剛一駕崩，他就在楊復恭的鼓動下，推舉皇帝的弟弟唐昭宗李曄為新任接班人。做為具有擁立之功的二號太監，比起權宦楊復恭雖然不在同一個層級，但也少不了受到封賞，再加上楊復恭的提拔，很快就被加封為樞密使。

楊復恭的專權和飛揚跋扈引起皇帝強烈不滿，最後被剿滅。接著朝中其他宦官也大多被削職劑

除，剩餘有權勢的太監寥寥無幾，其中就有兩位：一個是王仲先，另一個就是劉季述，他們在叛亂中暫且得以保全性命。

叛亂平息之後，宦官已經不像前朝那樣受到皇帝的寵信，唐昭宗時時提防著宦官專權，以防重蹈覆轍。他任用宰相崔胤為輔政大臣，時常監視他們的動向。劉季述等這些宦官自然也對這位宰相非常嫉恨，幾乎水火不容。不過受過長期驚嚇和刺激的唐昭宗還是留下了「後遺症」，經常心神不寧，借酒澆愁，導致喜怒無常，動不動就斥責身邊的太監、宮女，甚至睡覺時四處夢遊，隨意抽出佩劍將這些人砍死。太監、宮女人人自危，不得不時時防備皇帝對自己下手。

一天，皇子得病，皇帝命劉季述請御醫公車讓、謝筠等人進宮醫治，劉季述在宮外等候。御醫長久沒有出來，劉季述開始心有疑慮，懷疑皇帝與這些人在宮裡陰謀商議什麼對策，對自己不利，就直接闖進宮裡，向唐昭宗提醒說閒雜人等禁止在宮內久留。皇帝沒有聽從，反而下詔取消這道禁令。劉季述由此更加懷疑皇帝有什麼陰謀，從而導致不久唐昭宗遭受囚禁，吃盡苦頭，這也是君臣之間互不信任而釀成的結果。

劉季述一邊與藩鎮互相勾結，和節度使朱溫結為兄弟，一邊暗中聯合自己的養子希正等人預謀廢掉皇帝。當然廢皇帝得尋找一個正當名義，如果名不正，言不順，自己倒成了眾矢之的。不幸的是，皇帝在宮中恰恰在這時做出了令人髮指的事情，進而被劉季述抓住了把柄。

某天晚上，唐昭宗在苑中打獵回來，喝得酩酊大醉，迷迷糊糊之中殺掉了身邊的三名宮女，直到第二天中午時分，宮門還沒開啟。劉季述向宰相報告說宮內恐怕有所不測，便與宦官王仲先帶領上千禁衛軍撞門而入，大家看到場面時非常吃驚：唐昭宗酒醉未醒，旁邊三名宮女躺在血泊之中，血跡都還沒乾。劉季述立即抓住這個機會，呼籲廢除皇帝，並且派太監把太子抱來，擁立太子為新皇帝，並假借皇后的命令說：「皇帝聽信巫醫讒言，隨意殺人，大逆不道，今天另立太子，主持朝政。」

劉季述等人扶太子上龍椅，命令群臣拜見這位新皇帝，以達到「社會公認」。接著，劉季述命人把唐昭宗從床上拉起來，進行「審訊」。皇后擔心皇帝被處死，趕緊向宦官求情，答應皇帝讓位給太子，唐昭宗也只好應允去東宮頤養天年，將玉璽交出，這才倖免於難。

為了避免太上皇向外界通風報信，有所企圖，劉季述這些宦官把他囚禁在少陽宮裡，並且下令不許將一筆一紙送進來，只在牆上開一個小洞遞送食物。從此，唐昭宗在小黑屋裡過著慘不忍睹的階下囚生活。

劉季述掌控著小皇帝，自然權柄在手，便開始野心膨脹。為了加強權勢，不惜大赦天下，並且靠大封官爵來拉攏人心。同時剷除異己，對唐昭宗以前寵信的宦官、嬪妃以及御醫等一律定罪致死，甚至連皇帝的弟弟睦王也沒放過。而且劉季述還常在夜間殺人，白天分十車藏屍運出，有的一車只裝一、二具屍體，想以此顯示自己的威風。

此時對劉季述來說，還有一個厲害的角色沒有除掉，就是宰相崔胤。不過宰相與節度使朱溫有交情，劉季述不敢明著將崔胤殺死，只得解除他的各種職權，只給他保留了宰相官銜。同時他聽說握有重兵的朱溫領兵從邊關返回開封，對自己有所不利，便派自己的養子劉希度向朱溫和議，允諾將唐王朝政權交給他，目的就是希望朱溫能支持自己。

宰相崔胤也私下向朱溫寫信，要求他能帶兵剷除劉季述以「清君側」。富有野心的朱溫為了得到唐政權，沒有聽從崔胤的建議，而是將宰相的書信交給劉季述。崔胤的計畫敗露，被劉季述抓住把柄進行質問，差點被處死，幸虧崔胤編造說這封書信是假的，是朱溫偽造的，為了證明自己的「清白」，他答應與劉季述簽訂盟約共同對付朱溫。

劉季述聰明一世，糊塗一時，竟然被崔胤騙了，與他簽訂盟約。之後崔胤再次向朱溫寫信，要求他誅滅專權宦官劉季述。在節度副使李振的慫恿下，朱溫答應將矛頭堅定地指向劉季述，並扣押他的養子劉希度，派李振秘密部署誅殺宦官的計畫。面對著針對他的政變，太監劉季述的生命就要臨近尾聲了。

西元九〇一年，太監王仲先首先被秘密埋伏的士兵斬殺，大臣孫德昭領兵趕到少陽院，將唐昭宗和皇后從囚室裡救出來。在宰相崔胤的扶持下，唐昭宗恢復帝位，群臣將士紛紛歡迎，眾心所向，這下失勢的太監劉季述可要遭殃了。

當天，劉季述等人就被抓捕、被處死在長樂門，連同他的家族也被株連，慘遭滅門之災。宦官所引起的一場血腥鬧劇就這樣結束了，但中央政府已經不堪一擊，政權最終被朱溫竊取。

煮酒論史

太監原本是遭人蔑視的，所面對的是生理的缺陷、卑賤的地位、家庭的排斥及社會的歧視，但他們身處宮廷，服侍的是具有無上權威的皇上，僅這一點就足以讓人敬畏了。敬畏之餘，人們發現太監還擁有令人目眩的權勢和財富。於是，世人對宦官的態度由鄙視而欽羨，由欽羨而效仿。一些世代輾轉於貧困而無計改變自己命運的人，一些天性懶惰而又不安於本分的人，一些無緣於科舉而又期望出人頭地的人，便紛紛自宮而進入宮廷。

俗話說，偷雞不著蝕把米。如果一位太監為了掌權，卻丟掉了自己的身家性命，還賠上了整個家族，真是極不「划算」。

當然其中有一個根源問題，那就是君臣之間的關係，尤其是皇帝與最親近的宦官之間的關係，這是最糾結的。唐昭宗開始對專權的宦官不滿，進行過一場清理，但沒有進行徹底。更主要的在於，皇帝不信任身邊的宦官，並且隨意濫殺，導致宦官也失去對皇帝的忠心。君臣之間的裂痕越來越大，謀反也就理所當然了。

不過這場宮廷內亂的出奇之處，竟在於太監做「法官」，皇帝做「被告」，被太監數落定罪，並且被囚禁多年。這種荒唐的宮廷鬧劇，讓皇帝窩囊至極，幸好沒有被處死，才得以在後來有翻身的機會。

在權力場中太監能叱吒風雲，也是唐朝末年普遍的政治現象，或者也可以說是政壇醜聞，這對於唐王朝不可避免地是一種致命的打擊。也就是在這些無止盡的折騰中，李家江山最終丟掉了。

第四章 伺機待發的潛伏期

1 太監裡也有諸葛亮——張承業

朱溫曾經說過一句話：「生子當如李亞子。」李亞子是誰？他就是晉王李克用的長子，後唐皇帝李存勖。有一位太監在李存勖很小的時候就悉心教導他，後來苦諫未果，竟效仿商朝的伯夷叔齊絕食而死。

話說唐朝被朱溫滅亡後，中國歷史開始進入了第三個亂世：五代十國時期。唐朝的沒落和滅亡與宦官專權的確不無關係，然而，五代時卻出現了一個好太監，不但忠心耿耿，而且智慧過人，位列賢臣的隊伍裡，堪比諸葛亮。

這個太監叫張承業，在唐僖宗時就已經進宮。他原本姓康，被宦官張泰收為義子，就跟從養父姓，改名為張承業。晉王李克用攻打節度使王行瑜時，張承業就經常被派去兩軍之間做調和，透過互相接觸和交流，李克用非常賞識他的才智，發現他不是一般人，對他很器重。

唐昭宗時，皇帝被逼離京，打算去山西太原避難，任命張承業為河東監軍出使山西，向晉王李克用提前說明情況。雖然唐昭宗最終沒有去太原，張承業做為使臣從此也就沒有回去，在極力挽留下開始成為李克用的輔佐之臣。

朱溫稱帝前夕，在宰相崔胤的建議下，為了避免重蹈前朝的覆轍，杜絕朝中宦官專權現象再次發生，對宦官進行人開殺戒，以除後患。同時，朱溫還假借唐昭宗的詔書，命令地方節度使將所有宦官劃除，張承業自然也在被殺的範圍內。李克用接到詔書後並沒有聽從，為了保住張承業的性命，將他藏在一座寺院裡，然後用一位死囚冒充他來處死。就這樣張承業倖免於難。他對晉王的救命之恩非常感激，發誓盡心盡力地報答他。

正是由於張承業能遇到賞識他的人，才讓他得以發揮自己的聰明才智，從而成為了諸葛亮式的人物。

西元九〇七年，唐王朝終於為藩將朱溫所滅，避難的張承業重新出來在晉王手下任職，但他一心忠於大唐，就將自己的政治抱負，寄託在晉王與其兒子李存勖身上，希望有朝一日恢復大唐，便不遺餘力地輔佐晉王。

在晉王與朱溫多年爭戰中，張承業憑藉自己的智謀，處理內政、外務，做了大量工作，後唐最能得以建立，張承業的功勞不容忽視，儘管這並不是他希望看到的結局。

在一次與朱溫爭奪潞州的戰爭中，張承業被派到鳳翔去搬救兵，途經黃河。這時正是早春時期，河面上漂滿浮冰，船隻幾乎不能渡過。張承業在夜裡向河神祈禱浮冰融化，第二天果然浮冰全部融化；等張承業剛渡過河，河面又結起冰。

儘管張承業這次十分努力，但仍然沒有討到救兵，當他回到太原時，李克用已經病入膏肓，臨死前將後事託付給他，說：「我兒李存勖還年輕，沒有多少經驗，眾位大臣強橫難以管制，以後就靠你來照顧他了。」

這簡直就是三國劉備向諸葛亮托孤的「翻版」，但這次託付之人卻是一位太監。但不要小瞧他的太監出身，張承業的確沒有辜負晉王的重託，一心栽培和輔佐幼主李存勖，讓他在惡劣的政治環境下不斷壯大。

李克用死後，守兵在外的大將周德威沒有回來奔喪，群臣對此議論紛紛。二十四歲的李存勖繼承晉王位，雖然作戰非常勇猛，但處理起朝政幾乎還是「菜鳥」，死了父親就哭哭啼啼大肆舉辦喪事。張承業不得不憑著長輩的經驗向他建議說，守孝不應該荒廢家業，現在先王剛死，外敵無不窺伺你的王位，甚至還會趁虛而入，只有一邊服喪、一邊臨政，穩固基業才是真正的大孝。

深謀遠慮的張承業一語提醒了晉王。事實也是如此，外有後梁緊逼，內有家族紛爭，晉王的叔叔李克寧掌握一些兵權，在老婆的慫恿下逐漸起了謀權篡位的野心，暗中打算謀殺張承業，將李存勖送給後梁做人質，然後投降。幸好這一系列計畫被晉王的近臣得知，提前通風報信，李存勖連忙召張承業進宮私下商議對策。張承業提議只有先下手為強，才能除掉這些叛臣，既然李克寧沒有了叔姪之情，就用不著對他有婦人之仁，不然到時遭殃的就是自己。

接著張承業積極部署，召集各位將士，公告李克寧與李存顥的陰謀叛亂，與他們共同商議行動計畫。沒用多久，在張承業的策劃下，這場叛亂還沒爆發就被平息，從而鞏固了李存勖的地位。張承業被李存勖視為股肱之臣和心腹，並尊稱他為「七哥」，經常登門探望，張承業的母親也被接受其跪拜。

當張承業被提升官職時，他竟然非常明智而冷靜地予以拒絕，視富貴如浮雲。不過他還是被李存勖委以各項要職，在李存勖將軍事基地從山西轉移到河北後，就把太原全權交給張承業一人治理。張承業十多年以來，就像諸葛亮當年那樣事無鉅細，鞠躬盡瘁，招兵買馬，勤懇地將後方打理得井然有序，為晉王建立後唐打下了堅實基礎。

張承業一向秉公執法，節儉治國，必然引起一些喜歡搞排場的外戚與大臣之不滿、氣憤，甚至對他誣陷加害，致使回國後的晉王在一次酒後要殺他。幸好太后出來控制住了局面，並且向張承業親自道歉，教訓了一下晉王，這才沒事。

為王者都有獨霸天下的野心，更何況李存勖這樣的人，經過與後梁的長期抗衡，以及隨著經濟軍事實力的增強，李存勖開始有了稱帝的野心。張承業輔佐李氏父子，原本是希望其能誅滅叛臣，復興大唐。在聽到這個消息後，也顧不了自己身患重病，急忙讓人抬著他去勸誡李存勖。

張承業三番兩次的勸說都沒有效果，李存勖藉口說是眾將和群臣的意思，自己也是逼不得已，不能不順應民心，最終還是在西元九二三年正式登基稱帝，國號唐，勉強也算是繼承了唐王朝的名號。

身患重病的張承業失望之餘，沒有多久就在鬱悶中絕食而死。太后聽說這個噩耗，親自披麻戴孝，以姪子輩的身分為他弔唁服喪，並隆重地施以國葬。這位忠於大唐的太監在新王朝建立的一片朝賀聲中，跟隨唐王朝一起消失了。

煮酒論史

《通典．職官》中說：「天文有宦者四星，在帝座之西。」受過閹割的內廷官員，正好伴隨在皇帝與后妃四周，所以用「宦」來稱呼他們，既表明了他們的身分，還暗中抬高了閹宦的地位。所以，漢朝用「宦官」來指代閹割內臣，風行一時。到了唐朝，宦官稱號還出現另外一種雅稱——淨白。

在儒家文化主導的封建時代，男女兩情相悦而發生的性行為，被認為是骯髒下流、為世人所不齒。久而久之，不但連男女之情，就是人的生殖器官也被認為是骯髒之物。宦官被割去生殖器，全身上下都變乾淨了，所以叫淨白。

「淨白」張承業的忠心和敬業精神應該肯定，值得其他太監效仿和學習。他的政治才幹和計謀是其優點，不過他的政治眼光並不長遠。他沒能看出唐王朝已經走到了絕路，始終抱有一片忠心，妄想透過軍閥恢復大唐基業，說明他的「政治理想」是天真的。

至於朱溫誅殺宦官似乎有些過火了，但宦官專權亂國卻是事實。張承業個人躲過了這一劫，完全是李克用對他的庇護，從而讓他死心塌地為李家效勞，發揮自己的聰明才智。

更有些不可思議的是，李克用臨終時，竟然能完全信任這個太監，再次演繹了一場臨終托孤的故事，而張承業也擔當了諸葛亮式的「使命」，最終幫助李存勖建立了後唐，儘管並非他的意願。

然而，從另一角度看，封建朝代中像張承業這樣的忠臣，很難接受另一個新的王朝，那麼在李存勖稱帝後，他的死也無法避免了。

2 六個字預言的血案——周懷政

宋朝皇帝似乎個個都愛好文藝，比如宋仁宗趙禎在空閒時有個業餘愛好，就是喜歡繪畫，尤其是畫馬。在趙禎做太子時，他經常就會用御筆描繪上幾筆，不論藝術程度怎樣，可是未來天子的親筆墨寶，朝中大臣以及身邊的太監，都紛紛將這些繪畫作品收藏起來，一來是向主子奉承拍馬，二來也可做為自己受到太子賞識的炫耀資本。

趙禎的老師張士遜也請求恩賜一幅畫，不過太子為了展現對老師的殊遇，沒有給他畫馬，而是賜給他八個字：「寅亮天地，弼予一人。」這是《尚書》裡的句子，同時讚譽老師輔佐自己的政治業績。張士遜的同事聽說後，紛紛來向這位皇帝老師道賀。

太子身邊有一個非常親近的太監，叫周懷政，趙禎偶爾開玩笑地稱呼周懷正為「哥哥」。周懷政聽說張士遜得到趙禎的書法，也想炫耀自己與太子非同一般的關係，就請求太子賜給自己幾個字。趙禎這回卻想給他畫一匹馬，周懷政不同意，固執地要求賜字，趙禎皺著眉頭勉強給他寫了幾個字。

周懷政看到後，非常恐慌，因為這幾個字是「周家哥哥斬斬」。不過周懷政馬上安定下來，認為這只不過是皇帝跟他開玩笑，也就收下了。不過，這幾個字卻成為了周懷政命運的讖語，沒幾年，這個太監就被斬殺了。

當然，任何事件不會平白無故就能發生，而是有前後因緣的，為了保持人物故事的完整性，需要從頭講起。

周懷政原本不姓周，他是個孤兒，其養父是太監周紹宗，因而改姓易名。這段經歷還有點傳奇色彩，據說周紹宗跟隨宋太宗趙光義攻伐北漢時，在一堆屍體中聽見了嬰兒的哭聲，這個嬰兒就是周懷政。周紹宗一時心軟，就把他抱回宮中收養。

宋朝初年太監收養子有嚴格規定，宦官必須有一定的職位，而且必須是年過三十才允許收養一個義子，做為其後代。另外還有一條規定，嚴禁民間私自閹割男童，如有發現，一律處死。

不過周紹宗符合要求，當然，養子進了宮也必須要遭受閹割這一關。童年的周懷政被閹割後，開始接受宮廷教育。宋真宗當政後，聰明伶俐的周懷政被派到東宮去服侍太子，也就是後來的宋仁宗。

宋真宗執政期間，有兩個最受寵幸同時品級也最高的太監，一個是「三朝元老」劉承規，另一個就是周懷政。儘管周懷政比劉承規的資歷和才幹都要差得遠，但在真宗後期，其地位直線上升。

在劉承規死後，就由他接班，成為皇帝的寵臣。

周懷政能受到宋真宗的信任，源於「天書運動」這個政治戲劇。景德五年，有人上報一道黃帛從天而降，落在了承天門頂上，宋真宗聲稱「天書」降臨，群臣附和，「善解人意」的周懷政積極主動地爬上承天門頂上，取下了這道「天書」。接著，宋真宗在泰山封禪，順利完成了這場政治鬧劇。從此，宋真宗對周懷政更加信任，甚至後來周懷政欺壓同事多次發生糾紛，也沒受到指責。

接著宋真宗委派周懷政，監工宋朝最浩大的工程建築——玉清昭應宮。周懷政在監工過程中，貪污受賄、中飽私囊的事情必然少不了，但他按時督促建成了最豪華的宮廷。宋真宗非常滿意，對他更加寬縱，任其肆意而為。

對周懷政前途最有影響的事件，就是宋真宗將自己唯一的繼承人太子趙禎交給他，實質上就是讓周懷政成為太子的「監護人」。為了讓太子安心讀書接受良好教育，宋真宗再次派周懷政督建資善堂做為太子的專用讀書堂。書堂建成，周懷政陪同太子讀書，時間一久，主僕兩人竟形成朋友關係，有時還互相開玩笑，因而就有了前文太子稱他為「哥哥」的戲言。

周懷政的各項業績都比較突出，而且與皇帝、太子都非常親密，自然贏得了非常良好的外界聲譽，甚至與寇準以及寇準的女婿王曙都與之互相往來。

宋真宗晚年得了「寢疾」，經常嗜睡，缺乏精力來處理朝政，新立的劉皇后趁機干預政事。周懷政看到此種情形後，對皇后不滿，就不時在皇帝旁邊敲警鐘。皇后就與周懷政成為了死對頭，周懷政手下的人一有什麼過錯，立即就抓住不放，大加制裁。

周懷政現在鬥不過皇后，也清楚一旦劉皇后能主管朝政，自己肯定沒有好下場。於是，他明智地將目標對準太子趙禎。這是他政治投資的關鍵，周懷政多次向真宗誇讚太子平日行事慎重，說話嚴謹，品格優秀，生活作風良好，已經成長為成熟的男人了。言下之意，就是說太子有能力可以處理朝政了，宋真宗自然守著龍椅，遲遲不願退位。

繼位的事，太子不急，太監周懷政倒先急了。他急忙找統一戰線上的盟友寇準秘密商量，嚴防皇后奪權，寇準也給皇帝上書希望傳位於太子，並選賢臣輔佐。宋真宗在迷糊中點了頭，周懷政就開始積極行動了。

在皇權繼承上出現兩派：一派就是太監周懷政與宰相寇準支持的「太子黨」，另一派就是宰相丁謂支持皇后的「后黨」。周懷政與寇準商量先對宰相丁謂下手，削弱皇后的羽翼。不幸的是，消息走漏，還沒幾個回合，剛直的寇準反倒先被丁謂等人排擠下臺，貶到外地做官去了。剩下周懷政一人要對付整個后黨，則是一項非常艱難的「工程」。

周懷政不得不另找幫手，他聯絡了皇帝的親信楊崇勳和楊懷玉等人，打算發動政變，剷除丁謂，廢掉皇后，提前擁立太子繼位。這一系列計畫都很圓滿，但實踐並沒有成功。周懷政沒有找對同盟者，他的兩位幫手私下向丁謂告了密。雖然宋仁宗順利即位，但劉皇后卻被封為太后，依舊操縱著年輕的皇帝，寇準也暫時沒有機會翻身，周懷政成為了眾矢之的，沒多久，他就以謀殺宰相的罪名被處死了。

周懷政下場的不幸，正應了當年趙禎那張寫有「周家哥哥斬斬」的預言。雖然名義上是皇帝下的詔書，但是可以肯定的是，這個旨意是太后與宰相丁謂的意思。

煮酒論史

周懷政的勢力不算大，僅僅是皇帝的紅人而已，受到過寵幸，也做過一些比較明顯的業績，因而他在朝中算是有頭有臉的太監。

如果周懷政政變成功，那麼他必然就會成為宋仁宗的功臣，也因而會格外受到寵幸和器重，接著也必然會為他封官加爵，但歷史並沒有給周懷政這個機會。

太監與太子從客觀而言，不能形成私交，這種親密關係往往造成一種嚴重後果，就是將來的年輕皇帝對這位奴才極度寵信，進而就釀成宦官專權的現象。這種現象在歷史舞臺上經常重複上演，就證明了太監的危險性，因而周懷政也必然會難以逃避此種傾向和「嫌疑」。

從歷史事實而言，周懷政的死是宮廷內鬥的犧牲品，宮廷利益之爭必然造成黨派，周懷政自然而然站在太子這個陣營。可是，宰相寇準都被奸臣排擠下去了，他一個太監也就難以自保。從他的實際行動來看，周懷政身為太監，卻積極干預政治，這說明他不是安分守己的「職業保母」。

3 大奸賊能文能武——童貫

北宋曾出現了六位臭名昭著的奸臣，當時被天下百姓斥為「北宋六賊」，其中有一位不是宰相卻被稱為「媼相」的大太監童貫。

在小說《水滸傳》裡，宋江率領梁山好漢將這位大太監抓住兩次，但讓人失望的是，童貫憑著狡猾的奸計，兩次都被釋放了，最終也成了剷除農民起義者的劊子手，正驗證了「放虎歸山，後患無窮」這句話。

這位太監在中國歷史中開創過多項之「最」，令人咋舌：

歷史上爵位最高的宦官。

歷史上握兵時間最長的宦官。

歷史上掌控軍權最大的宦官。

歷史上第一個代表國家出使外國的宦官。

歷史上唯一一個被冊封為王的宦官。

說北宋第一個惡貫滿盈的太監，無疑就是童貫。正因為他的爵位最高，把持朝政最久，做的壞事犯的罪行也就最多，可謂奸臣得勢，天下遭殃。

童貫以一個太監身分竟能享有如此顯耀權位，必然得力於他的官場伎倆和政治智慧。當初，童貫是透過走後門才得以進入內宮的，提攜他的是宦官李憲。童貫很早就拜在這位同鄉前輩的門下，以此做為晉升的臺階。

太監李憲是宋神宗倚重的紅人，曾在西北一帶建過戰功，童貫跟隨他奔波在前線。他以前又讀過幾年私塾，有些學問，好歹算是能文能武，在宮中宦官群裡可謂一枝獨秀。

此外，史書上記載，童貫這個人善於巧媚，能揣摩上司心裡，然後千方百計地奉承，這樣為自己的職位提升贏得了機會。不過，童貫一開始並沒有青雲直上，似乎他也沒有受到李憲的極力提拔和眷顧，入宮二十多年一直默默無聞，也沒有出人頭地的跡象。直到宋神宗死後，愛好藝術的宋徽宗成為國家領導人，他的命運這才開始有所轉變。

宋徽宗癡迷書畫在歷史上是出了名的，恰好童貫的父親正是一位書畫收藏家，家中有的是古玩字畫。童貫明智地抓住了這個千載難逢的機會，拿出家裡的藏品向皇帝進獻。宋徽宗高興之餘，就對他有所回報，很快他就升職了。

宋徽宗在杭州設立了一個官方文化機構「明金局」，專門收藏民間的古玩字畫，相當於皇帝私人的「博物館」，因此就需要委派一個館長。宋徽宗還真會挑選人才，也當是送個人情，就把博物館館長的職位賞給了童貫。雖然這個官職沒有多少權力，卻為他打通了上升的管道。

童貫一到杭州任職，很快就與這裡的官員蔡京勾結上了。蔡京也是一個才子，尤其是書法，號稱「天下第一書法高手」，而且是大貪官。童貫把家裡的部分書畫贈送給他，兩人一來一往就成了好朋友。蔡京又將收購的字畫向皇帝進獻，加上他個人的聲譽和才華，很容易就升任為當朝宰相。童貫透過宰相蔡京舉薦，被任命為樞密院事。一時人稱國有兩相，蔡京為「奸相」，童貫則為「媼相」，雖然他並沒有宰相的職位。

西元一一〇三年，蔡京提議向西夏國用兵，並推薦童貫為西北監軍，統領軍隊，這也是宋朝太監開始干涉兵權的開始。童貫曾經有過十年的軍事經驗，加上前方作戰將軍的良好指揮，這場戰役獲得了勝利。童貫將所有的功勞攬在自己身上，再次得到升遷。

宋徽宗崇信道教，童貫就與蔡京兩人藉機迎合皇帝的口味，合謀把方士引進宮裡，同時慫恿道士為他們說好話，粉飾他兩人的品行，來贏得皇帝的信任。為了進一步巴結皇帝，童貫又把自己在杭州收羅的奇花異石，透過運河送到京城進獻皇帝，這些石頭被稱為「花石綱」，用來為皇帝建造富麗堂皇的宮殿，不惜傷財勞民。小說《水滸傳》裡講述的梁山好漢智取生辰綱的一段情節，正是根據這個歷史事實演繹的。

童貫自從勾結上了宰相蔡京，兩人狼狽為奸，結黨營私，異己份子即是他們的敵人，不擇手段給予打擊。其中最具有惡劣影響的政治事件就是，宰相司馬光及文彥博等，這些具有良好社會聲譽的正直大臣竟然被童貫列為「奸黨」。童貫做賊喊捉賊，反咬一口，顛倒黑白，混淆是非，將他們的名字以皇帝的名義刻在端禮門前的石碑上，冠以污名「黨人碑」，就像張貼一張永久性的「黃榜」，陷忠臣於不義，用心險惡至極。

這還沒算結束，童貫對這些反對他的異己，不僅冠以「奸黨」的罪名，將他們不是貶斥，就是誣陷殺害，已經死的人還要追究到底，被剝奪生前的官職和謚號，可謂是賢良之士的「終極劊子手」。

一朝權在手，便把令來行，是童貫一貫的官場行事原則，他與蔡京沆瀣一氣，利用職權任人唯親，玩弄權術，貪污受賄，中飽私囊。當時民間流傳著「三千索，直秘閣；五百貫，擢通判」這樣的民謠，可見童貫賣官賣爵到了明碼標價、肆無忌憚的程度。經過童貫和蔡京的聯合折騰，北宋政府從上到下一片烏煙瘴氣，黑暗至極。

政治腐朽直接導致社會矛盾激化，率先在南方爆發了以方臘為首領的農民軍起義，規模浩大，各地百姓紛紛回應，很快浙江一帶就被攻占，北宋政府幾乎難以對抗。長年沉湎於風花雪月的宋徽宗急忙任命童貫為宣撫使，讓他統領十五萬精兵去鎮壓。

奸詐的童貫並非無能之輩，他一方面發布文書招安起義軍，瓦解民眾的抗戰心理；一方面又加派重兵圍攻，上下其手，軟硬兼施，最終農民軍大敗，方臘等人被殺害。童貫在鎮壓農民起義期間，手段殘暴，縱兵燒殺搶掠，趁火打劫，簡直與賊寇無異，被殺害的百姓近乎百萬，幾個月之內民間血腥之氣都難以散盡。正因為這次鎮壓農民軍勝利之功，童貫被再次升級為「太師」，與太尉高俅同一個層級。

這次打了勝仗，飛揚跋扈的童貫也一發不可收拾，更加嗜好戰爭，提議向西夏等國家用兵，不惜耗費民脂民膏。戰爭之中童貫又不斷耍弄手段，自己打了敗仗，就向中央隱瞞事實，而且還恬不知恥地連連報捷。自己的戰將立了功勞，不僅不給予獎賞，還將罪責推諉在他們身上，並且故意陷人於危險中，借刀殺人，然後又為自己攬功。透過欺上瞞下的手段，童貫先後又被加封為「太傅」和「經國公」，權勢空前，不可一世。

也正是在童貫的教唆下，宋朝開始與野心勃勃的金國結盟，聯合攻擊遼國，這樣一來卻給北宋王朝埋下了滅亡的惡果。遼國被消滅後，金國就翻臉了，西元一一二五年完顏阿骨打向宋朝進逼，把守燕山一帶的童貫這次為了個人安危，不僅不反抗，竟然急急撤兵，溜之大吉，使金國不費吹灰之力就占領了燕山，進而乘勝追擊，一路南下，導致了宋朝可恥的「靖康之難」。

面對亡國的厄運，義憤填膺的太學生與諫官等紛紛上書，彈劾童貫的罪大惡極，新即位的宋欽宗昭告天下童貫的十大罪狀，奸臣終於遭受報應，被處以死刑。隨著這位太監死亡，北宋王朝也很快謝幕：皇帝和許多大臣被劫掠到北方，成為金國的階下囚。奸猾一世的太監童貫成了亡國之臣，被釘在了歷史的恥辱柱上。

煮酒論史

宦官，一般具有君主家奴與國家官員的雙重身分。早期的內廷閹人，大都來自於戰俘和宮刑罪犯，地位低下、執役下賤，並不具有官員的身分，從嚴格意義上說並不能稱為「官」，乃是純粹的內廷奴僕。

秦漢時期，宦官集團開始分化，身分亦官亦奴。做為國家公務員的一份子，高級宦官的俸祿比較多，加上額外的收入，能夠過上比較富足的生活。中下級宦官，由於俸祿少，而且從事著宮廷中眾多的繁重的體力勞動，一般沒有多少的積蓄。唯有宋朝，宦官的俸祿比較豐厚，是個例外。

「北宋六賊」屬於魑魅魍魎之徒，其中童貫是名副其實的「領袖」，他做為太監竟然與奸相蔡京可以平起平坐，而且還被私下稱為「媼相」。因為在童貫的扶助下，蔡京才得到了宰相的位子，可見童貫的「才幹」的確很強。

這六賊互相狼狽為奸，將皇帝哄得團團轉，從而把持朝政，致使政府機關腐敗透頂，朝野上下烏煙瘴氣。在童貫的指使下，他的黨羽在江南一帶不僅大肆搜刮奇花異石、古玩字畫等奢侈品，而且仗著皇帝的信任而無法無天，橫行霸道，敲詐勒索。其中歙州、睦州之地物產豐富，山明水秀成為其搜刮的主要地方，進而官逼民反，終於釀成了北宋規模最大的農民軍起義——方臘起義。

更嚴重的後果，在於北宋政權在這夥奸臣黨的「經營」下，最終因金國的外來侵略很快就「倒閉」。可以說北宋就是斷送在這夥人手中，童貫無疑是罪魁禍首，當然昏庸的宋徽宗也難辭其咎。

六賊這幫團夥的最終下場都一樣，統統被欽宗處死，這年離北宋滅亡只差一年。

4 我的老爸是明星——梁師成

宋徽宗時，竟然有一位太監，口無遮攔地逢人便聲稱自己是大才子蘇東坡的私生子！這個新聞曾經引起當時整個輿論界大爆炸，而且他有憑有據，無人能否認他的身分。假如是真的話，名士蘇東坡的私生子竟然成為了北宋「六賊」之一，實在是晦氣之極。

北宋的權宦幾乎都「聚集」在喜好文藝娛樂宋徽宗的身邊，「六賊」就是被這位皇帝「培養」出來。朝廷原本宰相只有一位，當時卻出現了三位「宰相」，而且這三相都在「六賊」排行榜之中，當然除了被稱為「奸相」的蔡京外，另兩位則是冒牌的；而這兩位中，除了被稱為「媼相」的童貫，還有一個就是人稱「隱相」的梁師成。這位「隱相」自稱是蘇東坡的遺腹子，蘇氏後人，儘管他姓梁不姓蘇。

難道這個太監真的是蘇東坡的私生子嗎？很難否認。蘇東坡生前好幾次將自己的小妾「慷慨」地贈送給親朋好友，甚至連已身懷六甲的女人都送人，還致使一位剛烈的小妾撞牆自殺。蘇東坡送妾給梁家一位朋友時，這位小妾已經懷有骨肉，這個將要出生的孩子就是梁師成。

能被喜好文藝的宋徽宗賞識和寵信，這個太監必然也懂點文藝。沒錯，梁師成正是因擅長書法，而被皇帝提拔為近臣的。文人大多好面子，做為文藝愛好者的宋徽宗更是愛面子，詔書都是書法家書寫的，梁師成就是寫詔書的人之一。

梁師成如何成為擅長書法的太監呢？雖然他的「生父」蘇東坡也是著名的書法家，但他不是跟這位明星父親學習，而是在一個叫書藝局的政府機構裡自學成才。他的上司叫賈祥，經常出入皇宮內外，向皇帝進獻高水準的書畫作品。梁師成天生聰穎黠慧，加上在這裡工作多年，耳濡目染，也就粗通文藝，尤其是擅長書法一門，這為他的晉升提供了智力資本。

賈祥去世後，一向勤奮的梁師成受到宋徽宗的賞識和提拔，開始負責代寫詔書。宋徽宗提倡手詔，即親自手寫，而不是「排版列印」；詔書的「形象」代表著皇帝的面子，梁師成的書法很好，逐漸得到皇帝的寵信。由於宋徽宗沉湎於書畫，疏於朝政，詔書也懶得下達，梁師成就召集了一批專門會模仿宋徽宗筆跡的御用「槍手」，全權為皇帝代勞。宋徽宗也免得勞費神思，對梁師成更加器重，也正因為這些政令經其手，致使梁師成開始暗地裡從中擾亂朝政。

這些「槍手」服從梁思成的指揮，而且仗著皇帝的信任，私自偽造御筆手詔，簽發中央一級文件和重要批示，還經常與其他公文混在一起下達到地方。下面的人自然不會懷疑有假詔，一應貫徹執行，從而讓梁師成達到禍亂朝政的目的。

梁師成的確懂一些書畫，不過壓根算不上大手筆，他卻為了抬高自己的身分，經常自我吹噓，宣稱以天下翰墨為己任，大言不慚地對依附其門下的文人批評指點，並在外界樹立自己的良好形象。另外，他還將自己的府邸用書畫進行裝潢擺設，邀請名士賓客觀賞、品評。一旦誰的品評讓他滿意，誰就會被梁師成推薦做官，因而四方各地的文人紛紛前來，對他奉承巴結。朝中群臣也暗地裡將他稱為「隱相」，梁師成也樂得受用這種冠冕堂皇的吹捧。

王黼同樣被列為「六賊」之一，他對梁師成畢恭畢敬，尊其為「恩府先生」。兩家是鄰居，僅一牆之隔，他在隔牆開一小門，方便兩人互相暗地往來私通，外人不得而知。王黼是一個仗勢欺人的小人，仗著梁師成的庇護，竟然在光天化日之下，霸占了左鄰官員許將的房產，還把許將全家以及奴僕趕出門外。旁人看到此景無不氣憤，為之嘆息，但也無能為力。

梁師成的同事太監李彥大肆搜刮民田，製造冤獄，被人告發。宋徽宗還沒有發言，旁邊的梁師成唯恐牽連自己，便為李彥辯護，竟然說服皇帝不再追究。告發之人畏懼梁思成的飛揚跋扈，不敢惹他，只好將怨怒藏在心中，緘口不言。就連權勢薰天的宰相蔡京也不敢過問，睜隻眼閉隻眼，就讓事情過去了，真可謂是與宰相平起平坐的一位「隱相」。

梁師成達到了這個地位後還不知足，嫌棄自己的宦官身分，仗著皇帝寵信，硬是將自己的名字篡改到士籍中。這個太監就這樣搖身一變就成了「高級知識份子」——進士，正因為這個新身分，他又被升為晉州觀察使。接著梁師成又被加封為節度使，後又封為太尉之職，權勢烝烝日上。

這時的梁師成實際職權竟在宰相之上，蔡京也對其退讓三分，更多希望升遷的人，紛紛拜投在他的門下。宣和年間，有人建議聯合金國攻打遼國，除了太監童貫及王黼，許多大臣都不同意，梁師成一開始也不贊同，經過王黼的慫恿才同意，並且積極獻策，推薦譚稹為宣撫使。戰爭爆發後，王黼等趁機搜刮，得錢千萬，向金國買了數座空城，製造「戰績」，梁師成因有推薦之功再次晉升為少保。

梁師成利用自己特殊職權廣受賄賂，對於士子們的賄賂一概是來者不拒。每年禮部錄取進士，需要在宮廷複試，有人原本沒有資格複試，向他賄賂了上百萬錢，梁師成就以此人頌揚皇帝書法為由，讓他參加複試。殿前唱第時，唯有梁師成一人站在宋徽宗跟前，宣布及第人名單，甚至大膽地信口開河，士子們都知道他的特權，不得不向他行重賄，因而每次殿試都被他視為發財的大好機會，甚至連宰相蔡京父子為了自己的門生，也時常有求於他。

為了進一步討好皇帝，梁師成動不動就命人製造種種「祥瑞」，粉飾太平。但是不久金國大兵壓境，宋徽宗急忙將皇位推給兒子宋欽宗。梁師成又積極向新主子投靠，再次成為皇帝身邊的紅人。

然而不堪一擊的宋兵節節戰敗，金兵直逼北宋首都開封。國家危在旦夕，這時大臣李綱以及許多太學生對梁師成造成的惡果紛紛予以揭露，歷數他們這些宦官的罪行，向宋欽宗極力提議只有剷除奸臣梁師成等人，才能贏得士氣，取得民心，這樣才能對抗金兵。面對江山淪陷，宋欽宗不得已才准許將這位大太監處死。他派人秘密將梁師成縊殺，沒收家產，為了表示自己仁慈，公告天下說這位太監為「暴死」。

權閹梁師成終於玩火自焚，一朝而受天下人唾棄，遭到應有的懲罰。

煮酒論史

北宋初年，太祖趙匡胤本人對唐末宦官的禍害有著切身的體會，因此對宦官干政防範嚴密，宋朝宦官沒有太多作為。可是到了北宋末年，宦官勢力一度興起，出現了童貫和梁師成兩大權閹。南宋末年也是如此。但是，宋朝的專制皇權高度集中，宦官集團在中央無法形成合力，因而宦官禍害終宋三百年亦不嚴重。

沒當宰相，卻被稱為「隱相」，不是宰相，更勝宰相，可見梁師成權勢之大。之所以把他稱為

「隱相」，從中也可以看出梁師成的虛偽性，會裝。實際上他平常在外表上還真的顯出一副木訥謹慎、老實厚道的面孔，內藏奸詐，善於巧言令色，從而贏得上司寵信。

宋徽宗是一個政治白癡，卻是個藝術大家，因而善於鑽營的梁師成，就找到了「投機」的門路。賄賂的人就怕做官的沒有愛好，而宋徽宗的愛好卻是全國人民都知道，家藏古玩書畫的梁師成，先天就具備了這個必要條件。

封官，以及封什麼樣的官都是皇帝一句話的事，只要是皇帝高興就可以。梁師成把家裡的寶貝拿出來，給皇帝一亮，少不了受到回報，這是他晉升的第一步。

官場靠的是交際，憑的是融通。先前靠賄賂皇帝發跡的梁師成，透過巴結和奉承宰相，從而進一步為自己贏得官場資本。

小人朋比為奸，梁師成在小人圈裡自然混得順順利利。雖然小人得志便猖狂，但越是猖狂之人也就越靠近危險，玩火自焚是其必然下場。

5 走出深宮衝向大洋——鄭和

即使太監也能成為赫赫有名的外交官，誰說不是呢？鄭和就是這方面獨一無二的優秀人才。然而很少有人知道，他七次下西洋的聲勢浩大的外交出使，卻帶有不可告人的政治動機。

明朝發生了一次著名的皇室之間鬥爭——「靖難之役」，燕王朱棣篡奪了姪子建文帝的皇位，將他逼迫出離，接著登基稱帝，改年號為永樂，將首都遷移到北京。但是朱棣心裡並不踏實，因為姪子並沒有死，既然沒死就有東山再起的機會。向來狠毒的朱棣必然不希望姪子有這個機會將自己的寶座奪走，便以宣揚國威、出訪西洋各國為名，追殺建文帝。

出訪的使者就是三寶太監鄭和。為什麼叫「三寶太監」？因為鄭和原名馬三寶，是雲南回族人。洪武十三年，朱元璋派兵大舉進攻雲南，這時鄭和剛十歲左右，不幸被劫掠到明軍大營裡；更不幸的是，鄭和被閹割後，充作小太監在軍營裡當「服務生」。這時朱棣還是燕王，尚未稱帝，然而沒多久，勤奮聰明的鄭和就被調到燕王府裡工作。

西元一三九九年，燕王朱棣發動了靖難之役，鄭和在河北一帶立下了戰功，從此受到朱棣的信任和賞識。永樂二年，朱棣認為馬姓不能登上三寶大殿，就親自為他改名，御賜為鄭和，被任命為四品內官監。直到西元一四三一年，他因為外交政績顯著，被欽封為「三保太監」。

永樂皇帝建立了盛世，沒有後顧之憂。西元一四〇五年，他派鄭和開始了第一次下南洋的出訪活動。鄭和從此走出深宮，向海洋深處探險。鄭和從蘇州劉家港出發，率領的這支艦隊規模空前絕後，當時世界上其他國家無一能比，總共達兩百四十多艘高級海船，兩萬七千四百多名士兵和船員，浩浩蕩蕩向西太平洋和印度洋進發，最遠到達了東南亞和東非一帶。

鄭和率領艦隊順風一路南下，首先靠岸在爪哇島。此島是途經南洋的要道，島上是麻喏八歇國，物產資源非常豐盛，而且商業經濟十分發達。不巧的是，這個國家正在發生內戰，分為東王和西王兩個派別，互相火拼。最後東王被打敗，西王占領了屬地，統一了這個國家。當鄭和的艦隊靠岸，大批士兵和船員進入集市做買賣時，卻遭到誤解，還以為他們是來援助東王的，西王就盲目地採取軍事行動，使鄭和的部下遭到突然襲擊，死傷人數達兩百人之多。

手下的將士憤怒地說士兵不能白白死在他鄉，紛紛向鄭和提議宣戰，要求為同胞報仇雪恨。西王得知情況後，趕緊派使臣前來謝罪，並帶來六萬兩黃金做為賠償，希望以此免除誤殺之罪。按照常理，朱棣聽到這個消息是不會善罷甘休的，非要引起戰爭不可，不過最終卻得到了和平解決。因為鄭和這次南下肩負秘密使命，如果這一次爆發戰爭，必然會驚動南洋其他各國，以為明朝要向他們大肆侵略，必然導致出訪行動半途而廢。

有鑑於麻喏八歇國領導人，主動因這次意外事件而請罪。在鄭和向中央稟明情況後，永樂皇帝為了避免紛爭，原諒了對方，連他們的賠償都免除了。西王對中國寬宏仁慈的皇帝簡直感激涕零，從此兩國外交非常和睦。直到今天，爪哇島還舉行三寶瓏紀念活動。

當年鄭和的艦隊，是世界上最強大最先進的，鄭和在長達二十八年出訪西洋過程中，從來沒有主動挑戰戰爭。只有一次對外戰爭發生在今天的斯里蘭卡，但那次只不過是被迫無奈之下正義的保衛戰。

鄭和第二次下西洋是在西元一四〇七年，距上次出訪僅隔兩年。第一次出訪回國後，鄭和就積極準備這次遠航，不過這次目的比較單純：護送訪問明朝的外國使臣回國。鄭和這次對航行路線已經比較熟悉，艦隊規模依然龐大，載的人有三萬之多，一路順風平安到達各國。所到之處包括占城、汶萊、泰國、柬埔寨、爪哇、錫蘭等許多國家，這次鄭和特意在錫蘭停留很久。錫蘭是佛教聖地，香火旺盛，鄭和艦隊抵達錫蘭後，幾乎向所有的寺院布施了各種財物，如金銀、絲絹、香油等。西元一四〇九年二月，鄭和立了一塊《布施錫蘭山佛寺碑》，上面記錄了這次布施的各類物品，這塊碑現在存放在可倫坡博物館裡，成為了鄭和與錫蘭友好往來的歷史見證。

這年夏天，鄭和返航回國。這年十月，鄭和指揮艦隊再次從太倉劉家港出發，繼續了第三次西洋遠航。十一月，艦隊停泊在福建太平港躲避海風，一個月後艦隊開航，一路順風，十晝夜之後抵達占城，接著經過柬埔寨、爪哇、新加坡，然後到達滿剌加。鄭和覺得船隻轉載過多東西，延緩航行效率，如果遇到強風，更是危險重重。於是他想出一個辦法，在沿岸的國家建造大型倉庫，儲存各種錢糧財物，把這裡做為中轉站，以後鄭和艦隊出訪其他各國，返航時都聚集於此，然後裝載適量的東西，等候風向，開始開航。這樣則輕鬆多了，而且效率提高了許多。看來鄭和的遠航經驗越來越豐富了。

以後每隔一兩年，鄭和都繼續向南亞、東非一帶進行出訪活動。西元一四二二年，鄭和第六次遠航艦隊順利回國，載著各國的外交官，來明朝首都北京訪問。這次也是鄭和在永樂皇帝執政期間的最後一次遠航。西元一四二四年朱棣駕崩，之後鄭和並沒有放棄南下遠航的活動，他在有生之年還繼續了最後一次遠航，也就是第七次「外交出訪」。

西元一四二九年，這次是明宣宗派他出使西洋。夏季，鄭和率領載有兩萬七千五百五十人的艦隊，從龍江關出發；冬天在南京龍灣停靠後；第二年春天正式從劉家港起航。鄭和自知，這次恐怕是自己有生之年最後一次遠航的機會，期間兩次，他在途中港口立碑記述，總結了自己曾經六次下西洋的經歷，以此來紀念。

這次遠航向南最遠一直到達非洲南端，幾乎靠近莫三比克海峽。返航途中，鄭和艦隊到達印度西海岸古里附近時，終因勞累過度身患重病，於西元一四三三年四月在異鄉島國去世。

鄭和艦隊由另外一位太監王景宏指揮啟程回國，西元一四三三年這支艦隊返回南京，而鄭和的屍體則依照其遺囑，被安葬在爪哇島上，即今天印尼的三寶瓏市。這位身為太監的外交大臣，最終出色地完成了一生的冒險事業，並享有後世的幾百年的紀念，沒有遺憾。

煮酒論史

鄭和的歷史功績在於兩點：一是廣泛的經濟貿易，二是和平的政治外交。

朝中有很多專業的外交官，為什麼偏偏挑選了這位太監去完成這項任務？

首先是明成祖對鄭和的才幹較為讚賞，再者鄭和在宮中與皇帝「零距離」接觸，他的性格和為人適合和平事業，大概這也是其中重要的因素。當然更重要的是，明成祖信任鄭和。

做為太監，鄭和沒有待在皇宮內苑裡，而是走向廣闊的世界，這樣的事蹟，除了他之外，歷史上沒有第二個人。

不過對於鄭和的評價，也有不同的聲音。鄭和下西洋「屬於中國歷史上空前的主動外交」，但說穿了無非就是一個皇帝虛榮的炫耀。七次下西洋，六百萬兩銀子花出去，鄭和簡直是一個散財童子，走到哪都給人家散錢。

我們不能說哪種觀點是正確的，因為歷史是一面多角鏡，不同的角度必然會有不同的色彩。

第五章

去勢者的最後瘋狂

1 從「始」到「終」都是「敗筆」——王振

在古代，想當官的讀書人如果屢試不中，除了乖乖地回家耕田之外，往往還有兩種途徑：一是可以懷著滿腔憤恨選擇造反，自己當皇帝，要嘛占山為王，前者黃巢做為這方面的楷模，後者梁山好漢首領王倫是個例子；另一個就是走後門，要嘛透過錢財，要嘛透過自家政府關係網，假如沒有這個優勢，只有最後一條「絕路」可以走：透過淨身，入宮當太監。這個鮮活的例子，則由明朝太監王振來演示。

王振最初是一介書生，寒窗苦讀勤奮了十幾年，卻一直走背運，沒有考中一官半職，年齡大了，不得不離開考場，當了教書先生賴以謀生。原本想憑藉妙筆生花來實現功名利祿，不幸的是，王振的人生從一開始就是一個「敗筆」。

過了幾年清貧的教書生涯之後，王振終於熬不下去，於是「大徹大悟」之後突然開竅，想到了「曲徑通幽」，憤而冒險走太監這一條「捷徑」。他勇敢地自宮，沒想到竟然很順利就住進了皇宮，吃公家飯，與那些透過考試的進士同樣身列「國家公務員」的隊伍。

就這樣，王振終於實現了當官的願望，從而也為自己的理想打通了一條晉升之路。王振不僅肚裡有一些豐富的學識，其他太監自是不及，而且還非常狡黠，這為他的繼續鑽營提供了智力基礎。

在明朝之初，朱元璋有鑑於前朝歷代宦官專權，而禍國殃民的歷史事實不斷重演，尤其是汲取北宋滅亡的經驗教訓，同時也為了杜絕大明江山重蹈覆轍，很早就對太監的職權嚴格限制，而且不許太監讀書。因此，在明朝前期幾乎看不到權閹的影子。不過到了明成祖朱棣時期，太監的權勢逐漸抬頭，因為朱棣當年發動「靖難之役」就依靠宦官的力量。明成祖登基後，這些太監邀功請賞，皇帝不得已讓他們去做外地監軍，但在宮中也沒有賜予他們過多權力。

太監受到寵幸並且真正掌握實權，出現在明宣宗時期。王振正是明宣宗宮裡的太監。不過剛入宮沒多久的王振還沒有這個資格，此時還輪不上他享受寵幸，因為宣宗身邊有一位紅人叫金英，他在明成祖時就享有職權，不過他比較謹慎，並沒有太多弄權。機靈而有學識的王振被分配到東宮，服侍和教育太子，也就是日後即位的明英宗。這是能飛黃騰達的絕好機遇，王振終於碰上了。

正是由於王振與未來的皇帝較早就有了親密的交情，才使他能受到明英宗無比的寵幸，進而讓他贏得了大權，禍亂朝綱。對王振而言，很幸運的是，明宣宗沒幾年就因一場大病駕崩了，年僅九歲的太子就被扶上了龍椅，即位為明英宗。這個情形與東漢時的兒皇帝登基非常相似，太監王振就是透過這個機會攫取了權力。

當然，兒皇帝不能親理朝政，最初一般都是由外戚代理，但是這次皇帝的母親張太后並沒有專權，而是把一切內政、外務交給了三位忠誠的內閣大臣：楊士奇、楊榮、楊溥，史稱「三楊」，正是內閣大臣制度的存在，才沒有導致明朝出現外戚專權的惡果，當然王振這種太監專權的事也不會存在。

不過隨著皇帝的長大，權力也就逐漸移交給明英宗，王振自然受到皇帝的倚重，而且他們的君臣關係就像兒子對待養父兼老師的感情一樣。很快，王振就超越了太監金英，被提拔為宮中權勢最大的司禮太監。

這時太后與內閣大臣，都沒有放鬆對皇帝的監督和指點，王振自然難以與這些威望甚高的前朝元老相抗衡。他懂得忍耐和等待時機，並且大耍兩面派手段，曲意奉承太后與內閣大臣，來贏得他們的好感和器重。一次，王振看見明英宗與其他小宦官，在宮中玩打球遊戲，第二天就故意當著三位內閣大臣的面，裝出一副忠心的模樣，面帶憂慮地向英宗諫言：「先皇曾經為了打球，險些誤國，如今皇上卻仍然效仿，將來會把國家社稷帶到什麼地步？」

這個場景被「三楊」看在眼裡，老臣竟然深受感動，以為王振是個忠心愛國的好太監，當面稱讚他說：「沒想到宦官之中竟有這樣的人啊，難得！」因而王振被委派在皇帝與內閣之間傳達旨意。王振每次去內閣時，自知分寸，無不裝作畢恭畢敬的樣子，站在門外，不得命令不踏入內閣門內一步，他這樣就輕易地騙取了內閣大臣對他的好感和信任，有時甚至破例把他請到閣內，與他商議政事，王振的陰謀逐漸得逞。

王振平時在大臣身邊，裝作不干涉朝政的假象，但並不能掩飾住內心的權慾，他經常趁旁邊無人的時候，向明英宗建議要利用有效的典章制度來駕馭群臣，這樣才能保住皇權等，使英宗開始聽從他的一些意見。英宗有一次派他帶領文武大臣去朝陽門閱兵，王振藉機將自己的死黨紀廣，上報為騎射第一名，將他一下子就提拔為都督僉事一職。

王振的狐狸尾巴逐漸顯露出來，很快就被皇太后有所察覺，太后當著皇帝和重臣的面，召見王振，把他的陰謀揭露出來，命人用刀架在他的脖子上進行威懾。在皇帝與大臣的請求下，驚嚇度的王振趕緊磕頭認錯，躲過了這次殺身之災。從此王振更變得乖了，收斂了許多，採取以屈求伸的伎倆，等待時機，暗地裡改變策略，大力討好皇帝，加深英宗對他的寵信，並積極培植自己的黨羽，壯大自己的勢力。

不久，對王振來說，值得慶祝的事情發生了。長期壓在他頭上的張太后病死，楊榮也撒手人寰，楊士奇因兒子殺人引咎辭官，剩下一個老態龍鍾的楊溥已智力衰退，引進的內閣大學士大都是新人，官場經驗和威望遠遠不足，全都不是王振的對手。更重要的一點就是，頭腦發昏的明英宗，對王振已經深度倚重和信任，王振開始發跡的時機就要到來了。

明太祖開國之初，就在宮門前懸掛了一塊禁止太監干涉朝政的牌匾，警示後世子孫。王振早就對這塊鐵牌非常不滿，他哄騙皇帝將它摘了下來，取消了這個禁令，接著在京城為自己修建豪華府邸，做為享樂之所。

自古官場之中，奸臣無不喜歡巴結奉承自己的人，而對異己份子和正直大臣，則會不遺餘力地進行打擊報復，王振自然也不例外。他提拔自己的兩個姪子為錦衣衛之職，並安排自己的得力心腹手下在重要部門，擴大自己的勢力範圍，為自己攫取更多的利益而「奮鬥」。自然，貪財的王振少不了貪污受賄，前來向他求官的人都要先送來厚禮才行，致使官場也跟著送禮成風，政府機構更加黑暗。

對於不服從自己的官員，王振就狠下毒手，從不輕易放過。一次，官員劉球向英宗提議不要將權力下放，話說得比較委婉，言下之意就是希望皇帝不要將權力交給宦官。王振聽出了言外之意，立即大怒，不需要罪名就把劉球直接抓到大牢，同時牽連另一位官員，逼他誣陷劉球，最終將他肢解，簡直駭人聽聞。群臣從此緘口不言，更不敢談論王振一句是非。在朝堂之上，朝臣因為畏懼他的淫威，都不敢直呼他的名字，只能稱他為「王先生」。另外一些無恥官員，竟然跑去認王振為乾爹，連一些公主都稱王振為「翁父」。可見王振的權勢非同一般，已經不是內閣大臣所能左右的了。

從中央到地方所有政府部門，幾乎都受到王振把持，國內政治黑暗腐朽，而且還帶來了邊防的敗壞，導致蒙古瓦剌部的大肆侵犯。王振專權之後，不但不加強北方邊防，反而接受瓦剌賄賂，與其進行走私交易。他命令死黨郭敬，每年私造大量箭支，送給瓦剌，瓦剌則以良馬做為報答。

瓦剌自從與明朝建立「通貢」關係以來，每年都派出貢使，攜帶著良馬等貨物到明朝朝貢；明朝政府則根據其朝貢物品的多少，相應地給予回賜。一般情況下，回賜物品的價值要稍稍超過朝貢物品的價值，貢使也能得到一定賞賜。瓦剌見有利可圖，派遣的貢使人數日益增加。按規定不能超過五十人，可是王振對瓦剌增加貢使，絲毫不加以限制。

正統十四年，瓦剌首領也先竟派出兩千多人的貢使集團，為了多領賞物，又虛報為三千人。以前，瓦剌貢使冒領賞物，王振都睜一隻眼閉一隻眼。這次，他卻一反常態，叫禮部按實際人數發給賞賜，並且任意削低貢馬價格。瓦剌非常憤怒，大舉進犯明朝邊境。

在王振的慫恿下，不懂軍事的英宗御駕親征，不料正中瓦剌的誘敵深入之計，五十萬軍隊（實際上是二十萬）潰散，英宗在土木堡遭到圍困，成為了俘虜，這就是明朝歷史上恥辱的「土木堡之變」。丟掉了皇帝，護衛將軍樊中憤怒之下，掄起鐵錘就把王振砸死了。消息傳到京城，王振整個家族被全部處死，家產被政府沒收，他的同黨也被先後砍頭，禍國殃民的太監終於自食其果。

煮酒論史

明朝的宦官機構統稱為內府衙門，包括十二監、四司、八局，習慣上被稱為「二十四衙門」。同時，還有數十個諸如內府供用庫、司鑰庫、內承運庫之類的機構。十二監包括：司禮監、御用監、內官監、御馬監、司設監、尚寶監、神宮監、尚膳監、尚衣監、印綬監、直殿監、都知監。四司包括：惜薪司、寶鈔司、鐘鼓司、混堂司。八局包括：兵仗局、巾帽局、針工局、內織染局、酒醋麵局、司苑局、浣衣局、銀作局。

司禮監是明朝宦官二十四衙門中的首席衙門，亦為整個宦官系統中權勢地位最顯赫的部門。但它在明初，地位與職掌並無特別之處。朱元璋在位時，內廷十一監中，司禮監僅排名第八。後來廢除了宰相，司禮監不僅成了事實上的內廷事務總管，而且職權還涉及外廷朝政，司禮監的首領太監因而號稱：「無宰相之外、名，有宰相之實。」（黃宗羲語）明朝擅政的太監，基本上為司禮監首領太監，如王振、劉瑾、馮保、魏忠賢等。

明朝是宦官最為猖獗的時代，出現過很多鼎鼎有名的大太監，如果要按時間順序排列，王振位列首位，也就是說他是明朝第一位專權的太監。

儘管從明朝建國之初，朱元璋就敏感地疏遠太監、降低太監參政議政的「許可權」。一直到明成祖朱棣也對太監能遊刃有餘地掌控，而之後從明英宗開始，太監的勢力逐漸膨脹，朱家的祖訓也被遺忘和打破。

王振從一個失敗的教書先生搖身一變成為太監，首先「得益」於他的「逆向思維」，其次「得益」於他的勇氣。從他的動機來看，他一心要鑽進公務員的行列裡，就是為了能出人頭地，可是沒有足夠的資本，只能以曲為伸，最終算是達到了自己的「人生理想」。

不過，向來精明的王振卻做了一件白癡的事，竟然魯莽地慫恿。把戰爭當作宮中遊戲的明英宗御駕親征，而且一意孤行，連糧草都沒做好準備就上了戰場。戰爭結果不用說，但令人恥笑的是，皇帝竟然成了俘虜，史稱「土木堡之變」，可謂與宋朝的「靖康之難」具有「異曲同工之妙」。

將皇帝「賣了」，出了餿主意的王振自然難逃罪責，不得已自己也賠上了性命。如果冷眼旁觀，王振的人生結局，大概是歷史上所有太監中最滑稽的吧！

2 歷史上唯一的「立地皇帝」——劉瑾

二〇一〇年，《亞洲華爾街日報》列出的過去一千年來，全球最富有的五十人名單中，劉瑾、成吉思汗、和珅與宋子文等人赫然在列，他的財富達一千兩百多萬兩黃金，兩億五萬九千兩白銀。若以購買力計算，可能連今天的世界首富都自嘆弗如。

國人一般知道劉瑾是個狠毒的傢伙，卻並不清楚，他比傳說中的清朝第一大貪官和珅還要富有。其實，劉瑾的人生幾乎就是一部發財史。

劉瑾並不是劉家子孫，原本姓談，他六歲時拜太監劉順為養父，便改姓劉。憑藉義父的門路關係，他被閹割後送進宮裡，接了養父的班，當了太監。此時孝宗皇帝執政，這位新入宮的太監有一次不小心觸犯法律，論罪是死刑，幸虧他的養父及時求情，加上上級念他年幼無知，最終饒恕了他。經過這一次劫難，劉瑾從此處事變得乖巧和謹慎，當然也更懂得謀求生存和自保。

後來，劉瑾又被推薦去服侍和他幾乎同歲的太子周厚照，當作他書童和玩伴。劉瑾心裡清楚身邊這個孩子可是未來的皇帝，不敢有任何疏忽，將自己的前程押在他的身上了。只要自己能討好太子，跟他建立好親密關係，日後的榮華富貴自然就唾手可得，事實也正是如此，不過劉瑾最終還是玩過頭了。

西元一五〇五年，劉瑾的幸運日子到來了。這年明孝宗因病駕崩，十五歲的太子順理成章接了班，即位為明武宗。做為奴才的劉瑾，從一開始就諳熟察言觀色這一套技術，跟隨太子多少年，現在更容易揣摩對主子的心理，奉承巴結的本領如火純青，深受明武宗的寵信。

很快，劉瑾就被封為鐘鼓司的掌印太監，為皇帝提供各種業餘文化娛樂活動。雖然這個職位並沒有實權，但顯示出皇帝現在還沒長大，依然是個「頑主」，早熟的劉瑾明白自己應該怎樣做才能哄得皇帝開心。皇帝一開心，就不愁自己得不到升遷。

果然，沒有多久，劉瑾就被連續升職，被提拔為司禮監的掌印太監。司禮監是大內宦官中「二十四機構」中最高職位，具有特殊的權力，可以筆錄皇帝的諭旨，也可以口頭傳達皇帝的口令。另外，如果皇帝一偷懶，就有可能讓寵信的太監為自己代筆，這些都會給太監製造篡改詔書欺上瞞下，從而為自己謀取一些利益和職權，這就是太監專權的基礎。

劉瑾正是這一職位總管，享有獨特的權力。他抓住明武宗的弱點，極力引誘皇帝沉湎於聲色娛樂之中，並且見縫插針，申請為皇帝「代勞」，批示公文、簽署文件等，從此壟斷了朝政。劉瑾專門等武宗玩得高興的時候向他請示政事，武宗總是心煩地說：「怎麼什麼事都來找我，你們都是吃閒飯的嗎？」劉瑾裝得灰頭土臉的樣子退下，心中卻高興地弄權去了。當時深知內幕的大臣稱武宗為「坐皇帝」，稱劉瑾則為「立皇帝」，這個表述可謂形象至極。因為劉瑾幾乎就是「代理皇帝」，他就像是站著忙碌於「工作」的皇帝，而明武宗只不過是躺著「休閒」的皇帝。

正因為如此，面對朝中這個「超級」權宦，許多大臣都不敢招惹他，也不敢說他閒話，許多明智之士也只能敢怒而不敢言，深恐得罪這位太監。

劉瑾掌控著朝政，先是為自己聚斂財富，貪污受賄，暗地賣官鬻爵，誰給他賄賂越多，被任命的官職就越大。有時候他還明目張膽向地方官員索取禮物，地方官員要進京朝見皇帝，必須給他送「見面禮」才行，不然壓根沒機會見皇帝的面，而且見面禮還設有限度，不能低於一千兩，當然多多益善。

更甚者，他竟然向皇帝提議，下令將地方各省的財政收入，統統輸送到京城的皇家國庫裡，其實就是讓自己從中攫取大量財富。除此之外，劉瑾還派自己的親信到各地方去任職，目的就是為自己斂財，滿足自己的貪慾。

劉瑾除了大肆斂財，在政治上為了鞏固自己的地位，必然拉幫結派，結黨營私，培植自己黨羽。

光在宮廷內以劉瑾為核心，就聚集了八位宦官同黨，被當時人稱為「八虎」，暗示他們的兇惡。

一些正直之士面對這些奸黨把持朝政，將中央機構搞得烏煙瘴氣、忍無可忍之際，紛紛聯名向皇帝諫言太監專權的惡果，並且用天象有變來警示皇帝。武宗開始有點憂慮，打算將劉瑾貶到南京，大臣卻堅決要求第二天處死太監。劉瑾聽到這個消息，大驚失色之下，連忙與其他七位太監跪到皇帝面前哭訴。武宗念及舊恩，最終寬恕了他們，還將東廠與西廠交給他們管轄。

從此，劉瑾開始肆意報復，在朝中排除異己，誣陷正直大臣，利用東廠錦衣衛這幫劊子手大肆製造冤獄，將曾經提議要誅滅自己的官員，不是置於死地就是貶到邊關不毛之地。對於諫官，劉瑾深知他們的厲害，就出了一個主意，延長他們的入朝工作時間，耗費他們的精力，不能彈劾自己。這樣的餿主意，也只有劉瑾這樣奸詐的太監才能想到。朝中現在幾乎就是劉瑾的地盤，皇帝自然毫無所知。

劉瑾的權勢越來越高，慾望也越來越膨脹，竟然動了篡權奪位的野心。他一向目中無人，對待同黨也頤指氣使，很少照顧他們的利益，這樣其他「七虎」也就懷恨在心。劉瑾絕對沒想到這為自己埋下了巨大的隱患。

西元一五一〇年，安化王叛亂，武宗派大臣楊一清和太監張永去平定叛亂，張永即是「七虎」

之一。叛亂平定之後，在向皇帝彙報戰績的過程中，張永趁勢揭發了劉瑾陰謀篡位等十七條罪狀。一直受矇蔽的武宗這才大吃一驚，派人將劉瑾抓捕進行審訊。

第二天，武宗親自去劉瑾府邸進行查驗，當他看到從劉瑾家裡，抄出那一筆令人難以置信的巨額財產時，第一個就傻眼了。

下面，我們開列一張劉瑾被朝廷抄沒的財產清單——

金二十四萬錠又五萬七千八百兩，銀五百萬錠又一百五十八萬三千六百兩；寶石二斗，金甲二，金鉤三千，玉帶四千一百六十二束，獅鑾帶兩束，金湯盒五百；除了金銀珠寶之外，還有一些違禁的御用物品及兵器甲仗，如蟒衣四百七十襲，牙牌兩匱，穿宮牌五百，金牌三，袞袍八，爪金龍四，玉琴一，玉瑤印一，盔甲三千，冬月團扇（扇中置刀二），衣甲千餘，弓弩五百。

武宗本來還不想置劉瑾於死地，只想把他貶謫到鳳陽去看護太祖陵寢，一聽說抄出了這麼多東西，頓時咆哮如雷：「奴才果然反了！」斷然決定按照大明律將劉瑾處以凌遲之刑。

西元一五一〇年八月二十五日，權傾一時的大太監劉瑾涉嫌造反被凌遲處死。按大明律法，凌遲者須剮三千三百五十七刀，一刀剮下一片肉，刀刀不得觸及要害。三日之內，犯人血肉模糊，漸漸不成人形，但不得嚥氣。

劉瑾沒有撐過這些刀就氣絕身亡了。

煮酒論史

想瞭解明朝宦官干政，首先必須瞭解司禮監。

司禮監的最高長官是掌印太監，只有一人。下設秉筆太監幾人，專管批紅。秉筆太監中有一名負責管理東廠，稱「提督太監」，位居其他秉筆太監之上，稱為次輔。司禮監下設文書房，由掌房十員組成：協助掌印、秉筆太監處理通政司所進章奏、內閣票擬、皇帝的聖旨等，地位也十分重要。

明朝司禮監除了「批紅」和「承宣聖旨」，還有皇位監護權，管理全部宦官，包括宦官的任命調動，掌握司法大權，推行特務統治，進而控制朝政。

劉瑾能成為史上最有錢的富翁之一，與他主管司禮監有很大的關係，因為惡人有了作惡的工具，破壞性就變得無比大。

據說，清朝第一貪官和珅被抄家的時候，藏在牆中夾壁的黃金達三萬兩千多兩，藏在地窖裡的白銀達三百餘萬兩，還不算上千畝的地產。這個以貪出名的人還是比不上他的前輩劉瑾胃口，劉瑾應該是名符其實的史上第一貪官才對。

相較之下，和珅貪污的數目幾乎只是劉瑾的零頭。根據清人趙翼《二十二史箚記》所記錄的資料說，劉瑾被抄家時查抄的黃金達兩百五十萬兩，白銀竟達五千餘萬兩，而且其他珍寶細軟等沒有計入。如果折算下來，至少相當八十多億億美元，與當時國庫年收入的白銀數量相當。

其實劉瑾的貪財並不僅僅為財，他累積這樣龐大的資金，很可能是為了積攢軍餉，從而為其謀權篡位打好經濟基礎。可見，劉瑾的野心比和珅要大不知多少倍。

所以說和珅只是「小貪」，太監劉瑾才是「大盜」。

3 一個太監的青史留名夢——張永

劉瑾做為明朝權傾一時的大太監，許多人都巴結他還來不及，更不用說敢在他的太歲頭上動土。可是他的一個「同事」竟然當著皇帝的面，揪住劉瑾的衣領把他痛扁了一頓，這個「同事」就是太監張永。

能對權宦動手，這個太監肯定不是泛泛之輩。張永是宦官集團「八虎」之一，雖說曾在劉瑾手下辦事，但也絕不是他的死黨，也不會依附於他。這得從他的職業生涯來進行解說。

張永是河北人，出生在貧苦人家，要想出人頭地，就得找個特別職業，家人想到了讓兒子當太監。在明朝，太監可是一個非常有前途的「職業」，成千上百的窮苦人家，都爭先恐後地透過這條途徑，改變個人與家庭的命運，就像現在的公務員招考那種蜂擁而上的場面一樣，報名人數更是熱門。

張永自然不懂謀劃自己的前程，因為他還是個孩子。年僅十歲時，在禮部張榜選用內官之際，家人為他報名，體檢之後，條件符合，很順利地就被選進宮裡。按照固定程序，張永被閹割之後，開始了他的太監生涯。

入宮工作很順利，幾年後，張永就被升為內官監右監丞，成為明朝二十四衙門中的中級「職員」，官階屬於正五品。明憲宗死後，新上任的明孝宗派他去茂陵專門管理祭祀。看來張永走了背運，這可是個冷門的部門，但他又難以違命，不得不在宮外熬了幾乎十年的時間。

西元一四九六年，張永才得到機會調回宮中，被皇帝選為伺候東宮太子的人，要伺候的太子是朱厚照，也就是未來的皇帝明武宗，這倒是張永走運的一個機會。做太子的「男保母」，獲此殊榮的一個優勢就是，長期在太子身邊，必然能與太子建立感情，這也給他未來鋪好了道路。

十年後，太子順理成章地繼承皇位，即明武宗。第二天，張永就被改任為御馬監左監丞，很快又升任為御用監太監，成為正四品，從而也得以跟隨皇帝身邊。開始得到皇帝寵信的張永逐漸顯露他的貪婪，他竟明目張膽上奏，請求把前任太監吳中，上繳的幾處莊田賞賜給自己。這個請求明顯違法犯禁，司法部門對他控訴，上書要求追究責任，不過明武宗沒有理睬戶部，直接答應了張永的請求。從此事可見，張永已經得到明武宗的寵信，法律條文已經逐漸對他無法發揮作用了。

曾在東宮服侍太子的太監還有另外七個人，其中就有劉瑾，現在他們也都受到明武宗的寵幸，很快就在皇宮裡勢力膨脹，被群臣稱為「八虎」。不過，劉瑾逐漸成為「八虎」之首，算是這個「太監黨」的首領人物，張永屈居次席。

武宗對張永還是非常器重，從給他的賞賜之物和額外特權就可以看出，張永時常被賞賜蟒衣玉帶，還被特許可以在皇宮之內隨意騎馬乘轎，並且被派監督禁軍兵馬。不久，他又被任命去監督十二團營兼總神機營，再後來皇帝又委任他，與邊將江彬一起掌管禁衛軍勇士，同時他還兼職了宮內許多雜務。所謂能者多勞，可見張永的確有些才幹。

有皇帝寵信自己，張永覺得沒必要依附別人，再說劉瑾是一個非常自私的人，成為他的黨羽，張永並不舒服。

順我者昌，逆我者亡，這是劉瑾的用人行事原則。他對張永非常嫉恨，想把他排除出京城，就在皇帝面前挑撥離間，讓皇帝下令使張永連夜啟程，調到南京，永不入宮。劉瑾的這個計畫如果得逞，張永可是夠慘的。不過張永得知情報，趕緊面見武宗，理直氣壯聲稱劉瑾這孫子誣陷人。同樣都是寵臣，皇帝難以聽從一家之言，只好讓兩人當面對質。見面之後，兩人必然少不了爭辯，氣憤之極的張永也不顧皇帝在身旁，直接動起手來，舉起拳頭狠揍劉瑾。武宗趕緊勸架，命另一位太監谷大用擺酒從中調解。在皇帝的仲裁下，張永才沒有被劉瑾誣陷得逞，但是兩人的矛盾日益加深。

富有才幹的張永還是有作為的，一直以來關稅都是折算成官銀，不收取鈔票，因而國庫紙幣緊缺，張永便向皇帝提議，重新制訂關稅條例，並且加強嚴禁私鑄錢幣的命令。明武宗聽從了他的建議，全國頒布施行，算是進行了一次小小的改革。在寵信的基礎上，張永更加受到皇帝的器重。

西元一五一〇年，安化王起兵造反，打的是討伐太監劉瑾的政治旗號，這次武宗派張永做為監軍參與軍事行動，並破格賜予他特製金印，一旁的劉瑾更是不舒服，暗地想著辦法去扳倒這個眼中釘。

很快叛亂就被平定，張永向皇帝上書報捷，書中說明將在中秋節進獻俘虜，但劉瑾卻讓他緩期回朝。機警的張永擔心這是劉瑾的陰謀，反倒提前回京獻俘，順勢彈劾劉瑾的種種不法行徑。武宗慰勞張永之後，晚上趁劉瑾不在的空檔，張永遞交軍事報告之後，連忙將寫好的奏疏呈給武宗，上面列舉劉瑾的十七大罪狀，並且把安化王討伐劉瑾的檄文拿出，說明這篇檄文曾被劉瑾扣下，以致皇帝遭受矇蔽。

張永要求連夜逮捕劉瑾，皇帝卻半信半疑，宮中其他太監在旁邊也隨聲附和，武宗這才下令先逮捕劉瑾，然後進行審訊。當晚，劉瑾就被關押，各處府邸全被查封。

第二天，足智多謀的張永，建議明武宗親自去劉瑾家搜查，希望皇帝親眼發現其謀反罪證。果不其然，皇帝搜到了皇帝印、穿宮牌、龍袍以及衣甲武器等這些違禁物品，同時還發現劉瑾的摺扇裡藏有兩把匕首，明武宗這才看清劉瑾的狼子野心，狠狠「賞賜」了他最殘酷的懲罰——凌遲，很快劉瑾就被千刀萬剮而死。

為國除害，張永立了大功，在朝野上下的極力讚頌下，皇帝為張永「加薪」，年收入為三百石，官職加封為司禮監掌印太監，成為十二太監之首，另外還賜他金牌、銀幣等，一時殊遇無比。

慾望是無底洞，厚重的賞賜卻激起了張永的野心，他企圖透過辦理一次案件來達到封侯的目的，不過在內閣的阻撓下，張永難以得逞。接著他又幹起偷竊國庫的勾當，不久，就被人揭發他逼迫庫官為其盜銀七千多兩，藏入私宅，贓物查出，張永因此被罷官解職。

然而張永並沒有被宣布剝奪終生政治權利，他仍然還有復職的機會。閒居兩年後，乾清宮發生了火災，有鑑於張永的才幹，他又被重新提升任用，總管工程建設事宜。

不料同年蒙古小王子部進犯明王朝，張永被任命為提督。在此期間張永趁機公報私仇，將與他有過節的禮部侍郎罷職。西元一五一九年，寧王謀反，張永為先鋒，不料王守仁率先逮捕了寧王，張永想邀功，在途中阻攔王守仁，最終騙取了檻車，分得一杯羹。

西元一五二一年武宗病死時，張永在太后旨意下，藉祭祀之機，將企圖謀反的江彬逮捕，算是又立了一次功勞，得到新任皇帝明世宗和太后的器重。不過張永卻沒有機會進一步被提升了，因為不久他因一次案件受到牽連被免官。檢察院彈劾「太監黨」谷大用等人有違法犯罪行為，張永做為「八虎」之一，也受到牽連，最終被降職去孝陵守墓，這次張永栽了一個大跟頭。

不過，西元一五二五年內閣楊一清上任，有鑑於張永誅殺劉瑾的功勞，以及他在上次並無大錯，為他平反，才讓他得以官復原職，並做神機營提督，在乾清宮工作。

第二年冬天，太監張永病死在自己的工作崗位上。政府為其舉辦喪事，楊一清親自為他撰寫墓誌銘，備受哀榮；其兄弟等人也受到封賞，算是給家族後代積了一些陰德。

煮酒論史

在宦官權焰大盛的時代，自宮現象更為普遍，往往成為一種社會行為。東漢時期的宦官橫行猖獗，勢傾朝野，因而多有「腐身薰子」自願成為太監的。

中唐以後，宦官挾制天子、監察藩鎮，為所欲為，自宮現象盛行一時。明朝，是中國歷史上宦官登峰造極的時代，自宮現象亦最為嚴重。其中有「兄弟俱閹」，有「薰腐其子」者，甚至有人「盡閹其子孫以圖富貴」。

西元一四七五年，禮部上奏，民間自宮的百姓達到四、五萬人，要求宮中錄用。面對宮城外日益龐大的自宮人群，明政府曾多次下令禁止自宮，但收效甚微。因為宦官和專制皇權，本是一對孿生兄弟，二者緊密相連，缺一不可。所以一面是嚴令禁止，一面是大量自宮者繼續源源不斷來到皇宮外，以求進宮，他日得以騰達、富貴。這樣，所有的法律、禁令，便都變成一紙虛文，自宮情況依然如故。直至清朝，宮中宦官數量大為減少，大規模的「自宮」現象才逐漸消亡。

在明武宗宮中「八虎」組成的太監黨中，比起劉瑾，張永沒有野心，因而也沒有太大的過失。他做事是比較謹慎的，「犯罪紀錄」最多也就是貪污。他在官場上幾起幾落，但還是因為立過一些功勞，最終的結局比起劉瑾不知要「幸福」多少倍。

莊子說過「為惡不近刑」的話，張永克制自己慾望，奉行這條原則；他的善終也證明了他的明智，儘管有些人性污點，但從整體上來看，這個太監還不算太壞。

4 入錯行的藝術家——馮保

北宋名畫《清明上河圖》輾轉流傳到明朝，被一個太監收藏，還被他在畫上題跋，從而留下了歷史上唯一一位太監的書法遺跡。這個太監難道是個文藝家？一點不假，比起無數的文盲太監，他可是個才子太監：精於古琴、擅長書法，就憑這兩點，不要說是在整個太監群裡，就是站在皇宮裡，他也絕對是佼佼者。

他就是馮保，與內閣首輔張居正成為了盟友，共同進行政治改革。但是太監一般沒有參政的權利，馮保難道被額外提拔嗎？其實是馮保暗中篡改詔書，自封為顧命大臣，這才得以有機會染指朝政。

馮保是河北衡水人，雖然家庭出身於鄉村，不是書香門第，但有一點很肯定，他在進宮做太監前就接受過良好的教育，因而他才會在藝術領域有出色的表現。正是憑藉一手漂亮的書法，馮保很快就受到嘉靖皇帝賞識，任命他為司禮監秉筆太監，專門書寫詔書。

西元一五六七年，嘉靖皇帝駕崩，明穆宗即位。雖然司禮監尚有掌印太監的空缺，按工作經驗和資歷，馮保理所當然就可升任此職位。但新任皇帝對他不熟，不信任他，同時大學士高拱也不希望他掌權，先後兩度任命他人，馮保被改任為提督東廠監管御馬監。御馬監比司禮監的級別要低，馮保從此對高拱懷恨在心。

穆宗執政六年後就病死，遺詔是由御用書法家馮保書寫，富有抱負的馮保趁機私改詔書內容，將自己提升為顧命大臣位置，權力幾乎和內閣相等。此時內閣三人中首輔為高拱，次輔為張居正和高儀，不久馮保就和張居正扯上關係，為自己日後的參政改革打下基礎。

十歲的太子繼位為神宗，在登基儀式上，滿朝文武都在臺下恭候，只有馮保一直站在小皇帝的御座一側。對於這種越禮行為，群臣極為不滿，尤其是宰相高拱更是難以容忍。事後，高拱就在內閣召開緊急會議，極力呼籲司禮監「還政於內閣」，並且聯合大批中央官員一致彈劾馮保，取消他的顧命大臣資格。

馮保並不是無能之輩，他有的是計策對付高拱，而且這一招是致命的。穆宗皇帝死後，高拱曾不無擔憂地說過「十歲太子如何治天下」，馮保抓住他的把柄，向皇太后打小報告，將這句話提升到政治謀反的層面，高拱立即就被撤職，與高拱同一陣營的官員也紛紛被革職。馮保一招見血，贏得了勝利，也終於報了當年之仇。

在太后的信任下，馮保受到重用，升任為掌印太監，被允許協助太后共同輔佐和教育小皇帝。幼小的神宗皇帝不得不對馮保產生敬畏，經常稱他為「大伴」，意思指他是陪伴自己的大人或長輩。

高拱被革職後，馮保並沒有善罷甘休，想除之而後快。神宗皇帝一次出宮臨朝，突然遭到一人衝撞，侍衛拿下後發現他身上藏有兇器，立即將他關押東廠審訊。陰險的馮保利用這個大好機會陷害高拱，暗地唆使犯人供認高拱為幕後主謀，頓時京城內外謠言四起，高拱竟想謀刺皇帝的「新聞」一時氾濫。不過司法部門與檢察院對此質疑，要求與東廠共同審理，張居正逼於形勢也不得不向皇帝上書，洗清了高拱的罪名，但事後張居正也因此躍居為內閣首輔。

張居正雖然不是一隻「好鳥」，但也憑著本事做出不少政治業績，大刀闊斧地進行「一條鞭法」改革，從而給其支持者馮保提供立功的機會。不過馮保有個很大的缺點，就是貪財好貨，雖然做為內相在改革過程中他不無建樹，但卻利用職權大肆收受賄賂，連宰相張居正也給他送了古琴字畫等一些寶貝。看來馮保與張居正兩人的私人關係較為親密，馮保耗巨資為自己提前建造了陵墓，張居正親自撰寫墓誌銘，歌功頌德之言表露無遺。

此外，神宗皇帝也對身邊的馮保十分倚重，動輒就賞賜他各種象牙圖章，上面刻有「魚水相逢」等字。恃寵而驕往往是人性的弱點，馮保也不例外，驕橫起來尾巴都能翹到天上，皇帝平時賞罰群臣，只要馮保不表態，下面竟然沒人膽敢實施執行，可見其權勢比皇帝還要有效。儘管如此，馮保還是知道克制，約束其子弟家族人員，所以平日其家族幾乎沒人胡作非為，給他臉上抹黑，因而馮保的外界聲譽算是比較清白的。

在宮內，除了掌權和貪財之外，馮保還真沒犯過大罪，並且做為皇帝的「監護人」非常負責任。一個青春期的少年天子，難免會對異性產生輕佻行為，更何況是神宗皇帝，一次酒醉時忘乎所以，調戲起身邊的宮女。馮保就跑去向太后打報告，十分氣憤的太后險些廢掉不爭氣的兒子。接著太后又命令宰相張居正給皇帝諫言，並且替皇帝寫一篇「檢討書」，對皇帝而言叫「罪己詔」，讓神宗拿著檢討書在慈寧宮罰跪六小時。為此，皇帝開始對張居正與馮保兩人非常不滿。

張居正算是幸運，沒等神宗皇帝報復，就在一五八二年病死在工作崗位上，臨終時，推薦他過去的主考官接任，人事部門認為此人不合適，內閣就另外選了一人。馮保不巧得了痢疾，請假在家，聽說後非常氣憤。御史郭惟賢打算將同鄉吳中行錄用為公務員，馮保竟以他庇護為由，將他降職貶到外地。

永寧公主在挑選駙馬時，梁國柱的兒子患有肺癆，馮保貪圖人家上萬賄賂，做為見證人知情不報，竟然故意促成公主成婚，結果駙馬婚後一個月就命喪黃泉，導致公主寡居幾年後也鬱鬱而終。

其實這個罪名幾乎就相當於謀殺，這在後來就被神宗記在帳上，就等給他尋找其他更多的罪證。

貪財的馮保不知收斂，明朝皇宮裡設置二十四監，每當有太監死去，馮保總會趁機大發死人財，就會將其房間封鎖，然後搜刮一空，變成自己的私產，把寶貝留給自己，給皇帝進獻的僅僅是尋常之物，並以此掩飾自己的惡行。

馮保聚斂了巨額財富，就在京城裡遍購無數府第以及各類店房，建造的各種花園竟與皇家御花園不相上下，另外他還在自己的故鄉建造五千多間居室，規模浩大，裝修豪華，富麗堂皇一點也不比王府差。

儘管這些並算不上是大惡，但是曾經得罪過神宗，這筆帳皇帝在心中早給馮保記著，加上他不知收斂的「高調」行事，讓人很輕易抓住把柄。在一些大臣的彈劾下，神宗皇帝也趁此機會要將這位「大伴」除掉。一道聖旨下來，給他列了十二大罪狀，馮保就不得不從京城搬到南京閒居。他被撤職發配到孝陵去種菜，這個打擊的確不小，緊接著政府又沒收其家產，馮保沒多久就在抑鬱之中病死。

一榮俱榮，一損俱損，馮保的弟姪等家族成員也先後被罷官，接著遭到牢獄之災，最終死在監獄。馮保及其家族就這樣由盛而衰，儘管他有才幹，但誰讓他偏偏卻得罪了皇帝呢。

煮酒論史

宦官的貪婪，在政治上表現為對權力的瘋狂追逐，在經濟上表現為大肆貪污受賄、撈取錢財。身處皇宮大院，本來就是權力角鬥中心，歷代宮廷都是血淋淋的殺人場所，父子反目、兄弟相殘等骨肉內鬥的事情層出不窮，因此宦官對於權力的重要性有著更加切實的體會。而對那些身處高位的權閹來說，一朝大權在握，為了攫取更大的權力便成為他們的不懈追求，因為他們不這樣的話，一旦失勢便只有死路一條。

對於貪權愛財的馮保，他的政治盟友張居正曾這樣評價他：「勤誠敏練，早受知於肅祖，常聽為大寫字而不名」，雖然不無讚頌之詞，但總體上也算中肯。

馮保是個才子太監，這在歷史上是極其難得的，儘管他也有不少為人所不齒的缺點。一個才子卻做了太監，似乎大材小用，太不值得了。俗話說，女怕嫁錯郎，男怕入錯行，極具「藝術細胞」的馮保，原本完全有資格當個翰林學士，偏偏入錯了行，我們不知道這是社會的責任，還是他個人的選擇。

可以公允地說，這個太監並不是大惡之人，他是個矛盾而複雜的人物，他一生最受人詆毀的就是貪財，賣官鬻爵的事他好像沒怎麼做，但貪污受賄、敲詐勒索的事卻也沒少做，不過他也做過不少好事，有些值得圈點的政治業績。

他的人生不乏污點，但比起歷史上其他罪大惡極的太監來說，他並不至於死罪；然而最致命的一點是，他在做皇帝的「監護人」時，並沒有做到奉承主子的「標準要求」。他沒有完全聽從，而是給皇帝提意見，因而得罪了皇帝，這是他下臺的根本原因。

跟皇帝過不去的臣子，不論是太監、還是有才能的人，很難有好下場。

5 天下誰人不識「伊」——汪直

《水滸傳》裡梁山好漢中最莽撞也最具江湖威名的，就是人稱黑旋風李逵，李鬼曾經冒充他來打劫，不料卻遇到真正的主角。成化十四年，明朝有一夥強盜，也像李鬼一樣冒充當朝太監汪直，扮成校尉模樣，從蕪湖到福州，一路打著汪直的旗號招搖撞騙，作威作福。就這個「山寨版」的太監竟然將沿途的官民嚇得紛紛「望塵伏拜」，那麼「正版」太監汪直到底是何許人，竟有這樣的威勢？

汪直是瑤族人，祖籍廣西桂平，他能千里迢迢進宮成為太監純屬意外。先是他祖父因反對朝廷的命令而被抄家，流落無依，不久未成年的汪直就加入南蠻作亂的隊伍。明朝軍隊大舉南下，叛亂很快就被平定，俘獲很多囚犯，押送京城後被分送給各個王侯做奴僕。其中，做為男性奴僕都要統統被閹割，而這群被分送閹割的奴僕之中不幸就有汪直。

汪直被閹割後送到昭和宮裡，在憲宗的寵妃萬貴妃身邊做小內侍。對汪直來說，在這個職位可是個大好機遇，伺候好萬貴妃就是他升遷的資本。果不其然，幾年後，汪直逐漸被提拔為御馬監太監，開始有了官階。連同汪直的其他「同事」，如梁芳、錢能、覃勤、韋興等這些後來專權的太監，也因伺候萬貴妃而發達了。

萬貴妃信佛，以汪直為首的這群太監為了討好貴妃，經常出謀劃策修建寺廟。當然這夥人動機並不單純，他們趁機鑽營，打著萬貴妃修建寺廟的幌子，在外面四處搜刮民財，一方面既「孝敬」了貴妃娘娘，贏得寵幸和賞識；另一方面也充實了自己的腰包，可謂一舉兩得，不亦樂乎。當然，其中受益最大，後來專權亂政也最嚴重的就是汪直。

汪直為人狡黠，不乏小聰明，而且口齒伶俐，阿諛奉承的本領自然是他的強項，經常用花言巧語討好女主人。不過，汪直並不僅僅就這點小本事。據史書記載，他少年時愛好軍事，所以除了奉承巴結之外，汪直喜歡的就是領兵打仗了。這既是他的優點，也是他致命的缺點，從而奠定了自己最終的結局。

現在正值萬貴妃在後宮爭寵奪權之際，汪直得到萬貴妃的寵信和賞識，很快就成為了一名得力幹將，經常被派去秘密伺察和刺探，身兼「保母」與「特務」兩職。汪直工作業績很好，最終幫助貴妃掌握後宮大權，成為實質上的皇后。

立了大功的汪直不僅受到萬貴妃的封賞，而且還贏得明憲宗的器重和寵信，不用說，這自然是皇帝寵妃的枕邊風效果。很快汪直就青雲直上，不僅被提拔為宮中二十四太監之首——司禮監掌印太監，同時還擁有提督西廠的職位，身分與權勢遠遠高於東廠和錦衣衛。

從此，統領西廠的汪直與萬貴妃聯合，把持朝政，專權作亂，肆意妄為，無惡不作。而且他還大肆培植黨羽，從中央到地方全都安插他的爪牙，實施酷吏行徑，以「順我者昌，逆我者亡」為行動綱領，對不滿和反對自己的人，隨意羅織罪名，就將其投入大牢，致使一時冤獄無數。群臣也不敢頂撞和得罪這位權閹，紛紛做縮頭烏龜狀，各保自家性命。汪直的惡名傳遍大江南北，朝野上下，躲在深宮與萬貴妃耳鬢廝磨的明憲宗則默默無聞，老百姓不無調侃地戲說「天下只識汪太監」。

汪直統領西廠前後達六年之久，這期間是他權勢最大、氣焰最盛的人生階段，同時也是憲宗時期政局最黑暗恐怖的時期。雖說這時朝中群臣是「萬馬齊喑」，不過卻有一位機智勇敢的戲子挺身而出，對太監汪直進行暗諷。

這個戲子叫「阿醜」，大概是丑角演員，才有此稱呼。一天，他故意為憲宗皇帝演了一齣酒醉戲：上場的阿醜佯裝醉態大發酒瘋，口出穢言；過路人提醒他說：「聖上駕到！」讓他迴避肅靜，阿醜不予理睬，而且聲稱：「皇帝還在睡夢中，比我還醉呢！還更加糊塗呢！」接著路人大聲說：「汪太監駕到！」阿醜立即嚇得臉色蒼白，跪地求饒，口裡連稱「死罪！死罪！」路人詫異地問其原因，阿醜用老百姓流傳的話回答說：「今人但知汪太監，哪有人知道皇帝啊！」

這個諷喻「小品」並沒有結束，接著他扮演汪直，拿著兩把「鉞」經過，身邊的人問：「你怎麼一人拿兩把鉞呢？」阿醜回答：「這一個是陳鉞，另一個是王越。」這兩個人是汪直的忠實犬牙，憲宗皇帝聽了捧腹大笑，不過很快就醒悟過來，從而對汪直開始有所警惕，不再過分寵信他。

當然，奉承追隨汪直的大臣不僅僅是「二鉞」。汪直掌握軍權，統領西廠，氣焰囂張無人可及，據說他巡視邊防時，邊防御史帶領將士經常提前出城幾百里跪地迎接。汪直暫居邊防，這些官員只有唯唯諾諾的份，就像僕人見到主人一般。

有一次，尚書尹旻擔心怠慢汪直，事先請教王越向汪直報告時不用下跪，王越回答說：「哪有六部尚書還給別人下跪的，這不成了笑話嗎？」尚書仍然疑慮，派人探查情況，發現王越跪在汪直床下說話。不久，尚書與王越一同去見汪直，剛一見面，尚書就先跪拜。出來之後，王越嫌尚書尹旻怎麼沒聽自己勸告，尚書不無諷刺地回答：「我看見別人跪地，我不敢冒險，只不過是模仿別人而已。」可見大臣對汪直權勢的畏懼。

群臣中也有少量剛直不阿的官員，比如紹興楊繼宗。汪直去江南時，聽說這個人後就徑直去拜會，想給人家下馬威。見面後，楊繼宗長相醜陋，汪直不無諷刺地說：「聽聞楊繼宗名揚天下，今天一見，卻沒想到長得難以讓人恭維，真是聞名不如見面啊！」

楊繼宗針鋒相對毫不示弱：「我的長相儘管距離美貌有一段距離，但卻也是完整無缺。」這句諷刺的話直指汪直的痛處，言下之意嘲笑他是被閹割的太監罷了。汪直丟了面子，卻無話可說。

不過汪直似乎並沒有對楊繼業懷恨在心，後來憲宗向汪直詢問地方官中誰最賢明，汪直的答案竟然是楊繼宗，他說：「天下不愛財者，唯楊繼宗一人耳！」從這件小事上可看出，汪直有時也不無大度之氣，偶爾會手下留情。

汪直是有些軍事才能，但是越俎代庖往往是不討好的事情。太監被分配到軍隊中，其職務往往只是個監軍，而汪直以前曾帶領著京城十二團營的遠征隊出兵征戰。十二團營屬於京城精銳部隊，汪直以太監身分竟能統領這樣的軍隊，其權勢不可謂不小。後來其權勢又不斷膨脹，宮內太監總管、西廠統領、邊防總兵等這些頭銜加在一起，朝野上下無人可及。

然而太監的本職工作是「保母」，拋掉宮中保母的工作崗位卻跑去領兵打仗，握有兵權，對皇帝和群臣而言，足以被視為皇權的「危險品」。同時在阿醜這些人的警醒之下，警惕的憲宗對汪直從不滿逐漸到嫉恨，從而也終結了他在宮中專權的機會。

西元一四八一年，在外出征的汪直向中央申請班師回朝，不滿的皇帝故意給他出難題，沒有批准他的請求，而是繼續在宣府抵抗外敵。不久，一道聖旨下達，背運的汪直這次被皇帝打發到大同巡視邊防，而且命令他把全部軍隊撤回京城，實質上就是解除他的兵權。

從此以後，汪直再也沒有機會回到京城皇宮，而是被發配到南京做御馬監，回到了原來的起點，可謂晚景淒涼，最終以小太監的身分病死。

煮酒論史

明初，對宦官插手軍隊控制較嚴。到了英宗正統年間，宦官鎮守已經遍及天下，並逐步取得干預地方軍事、民政的權力。「土木之變」後，景帝命司禮監太監興安、李永昌、石亨與于謙一起主持軍隊，權宦曹吉祥被任命督軍。憲宗成化年間後，宦官協助處理京師軍隊成為定制，掌握了部分軍權。在南京、天壽山、鳳陽、湖廣承天府等，幾個具有特殊政治意義的地區設置常駐守備，最高長官由宦官出任。宦官還常常出任臨時性質的軍事長官，如監軍。宦官直接統帥軍隊出征的也有很多，鄭和下西洋時，率領的官兵就多達兩萬七千人，權閹曹吉祥也曾統帥軍隊出征。

富有軍事才能的汪直是個性格複雜的人，他既有惡劣之跡，同時也不無慷慨大度之處。他並不是惡棍，掌握軍權，並沒有做弒君造反的事，而是像軍人一樣馳騁於戎馬戰場。

汪直最大的缺點就是沒做好本職工作，擅自「離職」，越俎代庖，儘管是經過上司允許，但任何事都有個限度，汪直沒有把握好，最終遭到上司離棄。

這個來自少數民族的太監，其性格具有多樣性。汪直做為掌權宦官，必然滋生出了驕橫，《皇明世說新語》中說，汪直每次不論經過還是到達某府、縣，當地的大小官員都不得不集體老遠跪地迎接，並且還要千方百計討好他，給予他高級待遇。

有一次，有一個縣令招待不周，霸道的汪直故意這樣問：「你頭上的烏紗帽是誰家的？」言下之意是指沒有他汪直的庇護，他的烏紗帽是保不住的。不料，這個縣令卻給了他意外的回答：「實不相瞞，我頭上的烏紗帽是花了三錢白銀，在鐵匠胡同裡買的。」汪直聽了後當下捧腹大笑，也沒責怪這個縣令，放他一馬。

從這個小事來看，汪直並不是一個血腥的劊子手，也不是一味蠻橫霸道的權閹，他有寬宏大量之處，也有風趣幽默之處。他身上的性格優點應該不只這些，但幾乎很少有人知道，也許因為汪直是一個曾經得勢的權宦，致使世人才不願提及他的優點吧！

6 向前一步就是皇位——魏忠賢

明朝天啟年間，大街小巷裡到處流傳這樣一句民謠：「委鬼當朝立，茄花滿地紅。」其中「委鬼」兩字合起來就是「魏」字，暗示太監魏忠賢未來身分命運的讖語。

明王朝不乏當權太監，其中有兩個「頂尖」人物，權勢之大幾乎等同皇帝，一個是被稱為「立地皇帝」的劉瑾，另一個就是被稱為「九千歲」的公公魏忠賢。歷代皇帝一直以來被臣子呼為「萬歲」，而魏忠賢讓人稱他為九千歲，暗示他緊追皇帝的意思，明顯暴露了他要當皇帝的野心。

向前小邁一步就是皇位，太監魏忠賢是怎樣走到這一步的呢？這得從頭講起。

魏忠賢一無資本，二無關係，三無學識，這「三無」條件似乎決定了他沒有光明的前途，難有出息，殊不知魏忠賢「另闢蹊徑」，攀上權力的高峰。

魏忠賢原本不姓魏，也不叫忠賢，而姓李，叫李進忠。而且他的出身極不光彩，吃喝嫖賭樣樣精通，標準的市井無賴，尤其酷愛賭博，是個十足賭棍。他每天少不了光顧賭坊，不巧沒走運，輸得很慘，賭債累累，走投無路的魏忠賢不得已之下，一狠心就割掉自己的命根子，將自己的命運押在太監這個「寶」上。

看來魏忠賢沒有押錯「寶」，他順利地通過體檢，有幸進入大明皇宮，成為「皇家保母」和後宮「服務生」，這是他官場生涯的起步。

魏忠賢剛入宮是個小太監。小太監屬於皇宮裡最底層的「勞動人民」，要想翻身成為太監中的「幹部層級」，首先得為自己尋找到靠山。魏忠賢很有眼光，一開始就瞄準了司禮太監孫暹。由於他辦事機靈，很快，就被委派到有些油水的甲子庫上班。魏忠賢趁機挖了平生第一桶金，也為自己累積在官場中見縫插針的本領和經驗。

接著魏忠賢找到了第二個靠山——魏朝，並且改了姓名，拜其為養父，不過僅僅是將他當作晉身的階梯而已。當魏朝將他介紹給其上司大太監王安後，魏忠賢就開始背叛魏朝，倒向了第三個更大的靠山。

明朝宮中太監與宮女結成臨時夫妻叫「對食」，所對食的宮女被稱為「菜戶」。魏朝有一個菜戶叫客氏，果然沒多久，魏忠賢就顯露了忘恩負義的德行，背著上司大膽勾搭上了客氏，兩人透過「自由戀愛」形成對食關係。魏忠賢這時已經有了大靠山，自然不把魏朝放在眼裡。

正是在王安的手下，魏忠賢的命運開始有了大的轉機，他受到王安的大力提拔。明光宗死後，明熹宗朱由校即位，這更是給魏忠賢提供了翻身的機會。因為他的情人客氏是明熹宗的乳母，這層關係網對魏忠賢的前途大有裨益。早在天啟年間，就有一位道人在街市上唱著歌謠：「委鬼當朝立，茄花滿地紅。」這就預示著魏忠賢與客氏未來的前途。

當然，魏忠賢在「當朝而立」之前必須剷除自己前進的絆腳石，不論這些人是誰。首先，魏忠賢將矛頭指向自己的養父兼情敵魏朝。皇帝的乳母客氏自願，選擇魏忠賢結成對食關係，魏朝不甘心，糾纏不休，於是二魏互相爭奪客氏，其意在於向熹宗爭寵。

爭執之聲在夜間喧鬧不休，惹得宮中不寧，皇帝也被驚醒，親自過來為其做仲裁，讓客氏自願選擇。魏忠賢自然中選，受到熹宗賞識，客氏也被奉為「奉聖夫人」。魏朝則被下放到鳳陽，魏忠賢為了斬草除根，暗中派刺客在途中就結束了魏朝，除掉了隱患。

被魏忠賢視為第二個絆腳石，就是自己的上司王安，儘管王安曾提拔過他，但魏忠賢要往高處爬，就必須踩在他的頭上，將他取代才行。王安做為顧命太監，聲望頗高，魏忠賢一時還不好對付，而且不幸的是，自己還沒行動，反倒被有所察覺的王安率先彈劾。這一下，魏忠賢被免職，客氏也被逐出宮。不過心理沒長大的明熹宗非常依賴乳母，很快又把客氏召回宮裡，魏忠賢重新受到任用。於是這兩口伺機報復，很快就指使親信栽贓陷害，製造偽證，向皇帝檢舉王安不法行為。當王安被下放到外地任職後，魏忠賢如法炮製，再次聘請刺客，在途中將他殺害。王安一死，魏忠賢這才開始有了出人頭地的機會。

在客氏對熹宗皇帝的慫恿下，魏忠賢雖然沒有什麼學問，卻被破格任命為司禮秉筆太監。嚴明的皇后張氏對此不滿，並且經常向皇帝警示，指責魏忠賢兩口子的過失。這兩口子聽說後懼恨皇后，一方面誣陷皇后不是國丈張氏家族之女，而是盜犯之女，另一方面趁皇后懷孕之際，暗派親信去服侍皇后起居飲食，最終導致皇后流產而亡。其他不滿的嬪妃都受到各種懲罰，不是被禁閉，就是逼其自殺，整個後宮被他們「清理」了一番。

明熹宗是歷史上著名的「木匠皇帝」，癡迷於木匠事業，在騎馬玩樂之餘，就將精力耗在自己的手藝工作裡了，不問政事，這給魏忠賢提供了有利機會。每次魏忠賢看準熹宗正著手忙於木工之際，就拿出奏章請他批閱，皇帝無暇顧及，隨口就扔一句：「朕知道了，你們好好裁斷。」這樣就把政事委任給他。魏忠賢趁機竊取權柄，掌控了朝政，儼然皇帝一般任意批閱和處理奏章，因而自封為「九千歲」，讓人稱呼他為「九千九百歲」。對於奏章內容，對自己有利的則予以通過施行，不利於自己的則被隱匿，甚至對提議者給予打壓。

除此之外，魏忠賢還廣泛培植黨羽親信，在各地方大肆收養子，壯大自己勢力，並且給其取名為「五虎」、「十孩」、「四十孫」等，就像希特勒為自己親信封為「十三太保」一樣。魏忠賢的權勢膨脹，不軌企圖開始逐漸彰顯。地方官吏一方面為了巴結魏忠賢，紛紛為他設立活人祠堂，將他供奉，致使天下百姓只知道朝中九千歲魏忠賢，而幾乎沒人知道皇帝叫朱由校。

接著，被魏忠賢視為眼中釘的人，就是當朝那些標榜清流的士大夫了，這群人經常集體議論和指責朝中政治，形成輿論組織——東林黨。魏忠賢這樣不學無術的人占據高位，欺上瞞下，愚弄皇帝，幹不法勾當，經常為東林黨人紛紛指責和彈劾。

魏忠賢憤恨不已，開始狠下毒手，透過栽贓陷害，以及莫須有的罪名，派東廠錦衣衛大規模搜捕和迫害東林黨人，東林書院也被強行拆毀。在以魏忠賢為首的閹黨的殘酷打擊下，貶官、流放、砍頭、誅九族各種罪行都被使用，東林黨人幾乎被消滅殆盡。

不過明熹宗這個木匠皇帝大概因為勞累過度，不滿二十三歲就一命嗚呼，由弟弟信王朱由檢繼位，即崇禎帝。雖然崇禎帝是亡國之君，但也在亡國之前做了一件值得稱道的功績，就是將權宦魏忠賢除掉。

明熹宗荒於朝政，親信權宦，但崇禎卻不是昏君。魏忠賢進獻四名國色天香的美女，不過糖衣砲彈並沒有擊敗崇禎，另外又進獻「迷魂香」，企圖讓皇帝變成白癡。崇禎非常謹慎，看出魏忠賢的陰謀，決定逐步實施行動。崇禎首先將客氏從皇宮打發出去，緊接著試探性地解除魏忠賢的東廠職務，將他貶到鳳陽去看守祖陵。魏忠賢沒有反抗，崇禎這才派錦衣衛公開給他定罪，將他捉拿歸案。

魏忠賢還沒到鳳陽，就在途中聽到捕捉他的消息，當晚聽到有人給他唱起了挽歌：「隨行的是寒月影，嗆喝的是馬聲嘶。似這般荒涼也，真個不如死。」窮途末路中已經別無選擇，一落千丈的魏忠賢不得不走向自殺這條路。天亮後，追捕的錦衣衛發現他吊死在路旁的一棵樹上。

權傾朝野的太監最終落得這樣的下場，對他來說已經是非常幸運的。惡貫滿盈、罪孽深重的魏忠賢，得以躲過了法律的懲罰，也許是因為他心裡清楚，如果不趁早自我了斷，他將會像前輩劉瑾那樣遭受千刀萬剮的痛楚吧！

煮酒論史

除了宦官之外，宮廷中還有一個同樣令人憫憐的群體，那就是宮女。除了清朝曾經部分地實行過宮女的退休制度外，中國其他歷代王朝的宮女都是終生制。

宦官無妻而宮女無夫，兩者因此而結成臨時伴侶，這種關係稱為「對食」。對食最早記載見於漢朝，從這一稱呼本身來分析，可能是指宦官、宮女在一起吃飯，尚不含有共寢之意。到了明朝，宦官與宮女，因相互撫慰而結為伴侶的情形已經十分普遍，並且有了「菜戶」之稱。菜戶與對食有區別：對食可以是宦官、宮女之間，也可以是同性之間，大多具有臨時性；而被稱為「菜戶」的宮女與宦官，如同夫妻，關係很穩定性。

魏忠賢和客氏成為了「菜戶」，不得不說是歷史的一種災難。

據說，明朝冤死的英雄袁崇煥也曾巴結過魏忠賢，而且還為他親自建造了生祠。《明熹宗實錄》裡講：「薊遼提督閻鳴泰、巡撫袁崇煥疏頌魏忠賢功德，請於寧前建祠。」而且史書中也發現了袁崇煥多次對魏忠賢阿諛奉承的奏摺，不無溢美之詞，目的就是申請為魏忠賢建造生祠。

一位英雄向一個奸臣太監拍馬，似乎有悖常理，讓人難以理解，但事實毋庸置疑。金庸曾在《袁崇煥評傳》裡為他辯護：「各省督撫都為魏忠賢建生祠，袁崇煥如果不附和，立刻就會罷官，守禦國土的大志無法得伸，因此當時也只得在薊遼為魏忠賢建生祠……天啟年間，魏忠賢權勢薰天，各省督撫都為魏忠賢建生祠、塑像而向他跪拜。當時袁崇煥在寧遠也建了魏忠賢的生祠。時勢所然，人人難免。」

這個理由似乎合乎情理，但也只是猜測，並沒有足夠證據，然而這卻足夠證明，當時魏忠賢的權勢大到何等地步。當時全國各地為魏忠賢建造生祠超過四十多座，簡直把太監魏忠賢當作人民領袖頂禮膜拜，而真正的皇帝都沒有這樣的「待遇」。

魏忠賢被稱為「九千九百歲」、「太歲」、「土皇帝」，幾乎跟天子平起平坐了，實際上魏忠賢的權力遠遠超過皇帝。歷史再次證明了這個論斷：昏君造就了奸臣，沒有所謂的「木匠皇帝」，就不會有罪惡多端所謂的「魏公公」。

7 大樹底下好乘涼——安德海

同治七年隆冬，北京最大的天福堂大酒樓門前張燈結綵，在這裡舉辦一場盛大的婚禮宴，新娘子是年方十九歲的徽班旦角馬賽花，而且得到了慈禧太后千兩白銀的賀禮。這場婚宴頓時就被當作新聞事件，很快在京城內外大街小巷裡不脛而走。

這個「新聞」並不在於慈禧太后的賞光，也不在於新娘子的身分，而在於新郎的身分。因為新郎竟是一位太監，太監娶妻簡直就像公雞下蛋一樣屬於天方夜譚，但事實就發生在北京城，因而轟動一時。

這個太監新郎是慈禧太后的紅人安德海，也曾是慈禧的男寵，因而結婚那天慈禧才給安德海那麼大面子。

安德海從小聰明伶俐，被稱為「小安子」，家居河北湯莊子村，童年時就被負擔過重的家人閹割送進宮裡當太監。雖然古代信奉「不孝有三，無後為大」這個家庭觀念，但生活缺乏保障的家庭想圖謀榮華富貴，只有走這條悲慘之路了。

安德海進入宮中，就因聰明伶俐，很有眼色，急上司之所急，想上司之所想，善於奉承，辦事靈巧，很快就受到上司的賞識，沒有多久，他就有幸做了咸豐帝的御前太監，服侍皇帝的起居生活。

不過，安德海見風轉舵，吃裡扒外，做為皇帝的心腹卻最後投靠了西宮慈禧。西元一八六一年咸豐皇帝在臨死時為了避免慈禧專權，下了一道密詔，詔書內容是讓獨生皇子載淳接班，肅順等八位顧命大臣輔政，同時以防萬一，秘密下令，一旦那拉氏專權，就可立即將她處死。

不幸的是，遺詔與這道密令被安德海所得，將它親自交給慈禧。野心勃勃的慈禧果然圖謀不軌，先下手為強。咸豐剛一斷氣，慈禧就與恭親王合謀發動一場宮廷內變，史稱「辛酉政變」。安德海主動做慈禧的狗腿子，積極參與這次事變。恭親王此時與英法聯軍在北京談判，慈禧要與他「遠距離交流」，安德海不嫌勞累，來回奔波於熱河與京城兩地之間，成為他們的秘密信使。

安德海潛入恭王府將太后圖謀篡權的陰謀告知恭親王。恭親王一合計，第二天就立即行動，以奔喪為由要求來承德行宮。不過顧命大臣肅順等人一下就識破了他的陰謀，藉口要求他留守京城重地，使恭親王的奔喪要求被拒絕。

一招不行，狡猾的慈禧另行一計，與皇后串通，私下寫了一道密令。安德海再次成為他們的「仲介」，連夜奔到京城，邀請恭親王秘密來承德進行合謀策劃政變的措施。很快恭親王帶著軍隊，直接趕往承德，當然是打著奔喪的旗號掩人耳目。

在安德海的接應下，恭親王與慈禧沆瀣一氣，一場皇家「內訌」頓時爆發，八位顧命大臣被逮捕，「辛酉政變」獲得輝煌勝利。慈禧的陰謀得逞，開始臨朝聽政，掌控小皇帝載淳，並且頗有心計地改年號為「同治」，言下之意就是國家由她與兒子載淳一同治理。

在這場政變期間，太監安德海功勞不小，慈禧掌權，他自然少不了封賞，其實這也是安德海當初投靠慈禧的一個目的。他一躍晉升為大內總管，成為太監之首，地位顯耀，就連皇親國戚與群臣在他面前都會感覺矮了幾分。

精明的安德海當上太監頭領，宮中事務幾乎都在他的管轄範圍內，就像王熙鳳曾掌管賈府所有內務一樣，安德海可以任意指點，不無驕橫之氣。宮女丫鬟都對他非常忌憚，唯恐被他數落懲罰，甚至年輕的同治帝也對他敬而遠之。

但在慈禧面前，安德海卻一副奴才相。太后無聊之時要尋歡作樂，一聲吩咐，安德海就命令人辦理得妥妥當當，甚至不用吩咐，善於察言觀色的他就會替主子想好方案，給慈禧一個驚喜。慈禧被哄高興了，就戲稱他為「人精兒」。

性慾旺盛的慈禧不到三十歲就守活寡，自然難以抑制內心的慾火，尤其是在孤獨寂寞的夜晚，於是慈禧就在深宮中養不少男寵。安德海長得明眸皓齒，朝夕陪在太后身邊，必然是她最中意的對象，被稱為「小安子」。

因而，「人精兒」與「小安子」這兩個稱呼，就成了慈禧對安德海的「專有名詞」了。

慈禧喜歡看戲，安德海就積極熱心地替主子考慮周全，在西苑命工匠建造一座富麗精美的戲樓，並且從外地召來一流的戲班，專門為太后排演，供她享樂。

在「人精兒」的服侍下，慈禧的生活在吃喝玩樂各方面是樣樣舒服滿意，慈禧看戲時一被逗笑，有時會忘乎地穿上戲服，登臺扭幾圈，哼哼幾句臺詞，拍馬屁功底深厚的安德海，這時就不失時機地聲稱：「太后就像月宮裡的嫦娥啊！簡直是仙人下凡！」這句中聽話自然博得太后的喜笑顏開。

掌權的慈禧將國家搞得烏煙瘴氣，處在水深火熱之中的人民百姓一致斥罵，安德海這個奴才卻還裝出一副馬屁精的模樣，一如既往地恭維慈禧。如果慈禧端坐在太后椅上，旁邊的安德海就趁機拍馬屁：「太后娘娘就像南海觀世音菩薩啊！救苦救難，功德無量！」慈禧就飄飄然自我沉醉地安撫一番身邊這位「善財童子」。

受到慈禧的格外器重，志得意滿的安德海唯一遺憾的，就是自己的「非正常人」身分。為了彌補這個終生遺憾，他向慈禧申請能娶一房媳婦。慈禧自然一口答應，隨他自己挑選新娘，而且她到時還會捧場。於是，安德海這個不是男人的男人，從戲班裡挑選了藝名叫「九歲紅」的旦角做老婆。同治七年冬天，在北京最大的酒店大擺筵席，高調舉行結婚儀式，無疑是向世人宣告太監也能結婚。這件滑稽的新聞事件霎時傳遍大街小巷。

在有生之年，安德海這次終於賺足了面子，也算是為自己的終生缺憾找到了一種心理安慰。

不過太監安德海的慾望並沒有「煞車」，而是企圖干預朝政，但朝中唯一的絆腳石就是恭親王奕訢。如今做為議政王，除了慈禧，他掌握著無與倫比的實權。於是安德海就跑去慈禧太后跟前嚼舌頭，挖人家牆角，同時慈禧太后也對議政王有所顧忌。在安德海的陰謀策劃下，派人彈劾奕訢，慈禧從而解除了他的實權，安德海一下子就提升為慈禧之下的第一把手，權傾朝野，並且利用自己的社交策略，積極拉攏朝臣，培植心腹黨羽，致使他的府邸時常門庭若市，京城百姓無不把他視為明朝太監魏忠賢再世。

小人得志便猖狂，安德海更加肆無忌憚，最終導致身首異處。

同治八年，慈禧要為適婚的同治帝選妃舉行婚禮，久在宮中的安德海趁此機會，一方面想出去遊玩，另一方面也想在各地方聚斂財富，就再三懇求慈禧派他去江南置辦皇帝龍袍婚衣等物。安德海肯定沒有料到，這趟南下卻是「太監一去兮不復返」。

安德海乘坐兩艘掛滿彩旗的太平船，浩浩蕩蕩一路南下，雖然號稱欽差，卻沒有任何公文，而且一路上威風張揚，樓船經過山東德州時，任意妄為的安德海竟然在船上為自己慶祝二十五歲生日，趁機想從地方官身上撈取一把厚禮，不少官員紛紛賀拜。此事立即成為當地社會輿論的頭條新聞。

安德海在得意忘形之際，卻沒想這卻給自己引來了殺身之禍。山東巡撫丁寶楨向來剛直不阿，聽聞此事，根據清朝祖訓「太監級不過四品，非奉差遣，不許擅自出皇城，違者殺無赦」，安德海只不過是六級太監，向中央彙報這項違法事件，同時在議政王和慈穆太后的授意下，立即將安德海抓捕。不等他辯解，這個大太監當下就被就地正法，沒到江南就送了命，大概他臨死前買後悔藥都來不及了。

「小安子」這一下江南，就永久離開主子慈禧身邊，不知道這個老女人當時聽說此事有什麼感觸。不過似乎正應了這句俗語「任你奸似鬼，喝了洗腳水」，「人精兒」安德海在其意料之外竟成了刀下亡魂。權閹被除，大快人心，丁寶楨卻意外因這次事件被民間捧為「丁青天」。

煮酒論史

清朝規定，太監在途遇朝臣時必須恭敬站立讓道，不得肆慢無禮，太監直呼大臣姓名「立杖四十」。同時，太監的政治上拉幫結派現象被根治。順治年間，下諭禁止太監交結滿漢官員。康熙年間，下諭禁止太監結黨營私。雍正年間，禁止太監在阿哥處行走。乾隆年間，禁止與外廷官員、王公大臣交往，禁止太監給皇太后傳言政事。嘉慶年間，禁止王府太監與宮廷太監之間來往，由王府入宮的太監禁止再回原主私宅。上述措施，使太監在政治上交往受到極大限制。太監數額也始終保持在一個較低的水準。順治時期，規定太監「裁定員額，數止千餘」。乾隆又下諭：宮中苑囿總計不越三千。清末，太監總數下降到兩千五百名。

可見，太監在清朝可謂是走了下坡路。而安德海能混得順利，著實不易。

這個「小安子」，能成為慈禧這樣狠毒女人的最貼心「男保母」，的確不是一般人能做到的，關鍵在於他擁有做奴才的「天賦」，因而不用太費力就能做得非常合格，從而贏得主子賞識。

急主子之所急，想主子之所想，安德海幾乎做到了一種「極致」，無以復加，尤其是拍馬逢迎的「特長」被他發揮得淋漓盡致，因而他才受到慈禧的極端寵幸，甚至達到了不能離開他的地步。

正是這個前提條件，不僅讓安德海當上宮中的高級總管，而且允許他娶了一房媳婦。沒想到安德海這個奴才變得狂妄起來，置國家禁令於不顧，招搖撞騙，作威作福，這位皇帝的「大伴」似乎產生了錯覺，飄飄然以為自己就是皇帝了。

俗話說，人狂沒好事，狗狂來磚頭。安德海的瘋狂之舉，很快就遭到應有的下場，很悲慘，連他的主子也不能搭救他了。不過對於他的下場，還有另一種說法，說他只是一場政治鬥爭的犧牲品。安德海一直投靠在慈禧這邊，做為對頭的慈安太后，與後來的議政王為了打擊慈禧，從而藉機殺掉了太后這個忠心耿耿，耀武揚威的權宦。

8 太監的謝幕表演——李蓮英

清朝有兩位大太監都是因受到慈禧恩寵才得以專權，第一個是被太后暱稱為「小安子」的安德海，另一個就是大太監李蓮英。

安德海在二十五歲時就被山東巡撫誅殺，慈禧的身邊一下子失去了可靠的心腹，不得不尋找下一個這樣難得的奴才，最終李蓮英就充當了這個替代品。雖然安德海被稱為「人精兒」，不過相較之下，李蓮英還比安德海要精明許多，至少不是那麼張揚外露。

所以說，李蓮英是「小安子」的一個絕佳「接班人」。

當然，安德海死後，並不是李蓮英直接就接替了他的職位和身分，期間還有一個環節，是太監劉誠印，人稱「印劉」。李蓮英九歲時入宮做太監，幾乎與安德海同時進宮，好歹算是「同事」，不過他比安德海年齡小，也沒有好的機遇，一直在宮中默默無聞，長期擔當著「跑龍套」的角色。這時他還叫著原名李進喜、還跟慈禧靠不上關係，直到後來才被太后改名為李蓮英。

掌權的安德海過於張揚放肆，違法出宮被殺後，印劉接替了大內總管職位。雖然李蓮英還沒有成為慈禧身邊的紅人，但他聰明謹慎，汲取前車之鑑，心中早就明白應該怎樣把握主子與奴才的關係，明白一切出格和違禁的事物總是「危險品」，必須與之「絕緣」。從此李蓮英行事更加謹慎，保持低調，避免安德海那樣的悲慘下場。

李蓮英最開始的工作是在奏事處，做口頭報告之類的職務，接著在景仁宮工作，等到太監印劉病死，一直做了七年之後的李蓮英被調到長春宮，這才得以「零距離」見到慈禧的「佛面」。剛死了印劉，慈禧對他非常懷念，就拿李蓮英與他做比較，經常貶斥他，說他智商和能力不及印劉的一個大腳趾。害得李蓮英非常沒面子，因而當時宮中傳著「死劉氣煞活李」的笑柄。

實際情況並非如此，善於察言觀色，這一點是做好奴才的必要條件。李蓮英絕對不差，而且具有小聰明，時常為慈禧解圍，哄主子開心，逐漸得到慈禧的賞識和寵信。有一次，慈禧看完戲後，向一些戲子賞賜東西，著名演員楊小樓大膽向慈禧要求賞一個「福」字。慈禧寫完後，身旁的小王爺發現「福」字的左偏旁寫成了「衣」字，慈禧的老臉頓時沒處放了。左右為難之際，李蓮英趕緊湊上前附會解釋說太后的福比別人多一點，更應該謝恩啊！這才讓慈禧下了臺。李蓮英的機智可見一斑，太后也對他更加賞識。

同治十三年，李蓮英就被升任為儲秀宮掌案首領大太監，全權掌管後宮宮女，時年二十六歲。

這可是破例，一般情況下，這個職務需要三十年的「年資」才可以擔任，而李蓮英才進宮剛滿十七年而已。

光緒初年，慈禧剛到四十歲，企圖掌控光緒帝，繼續垂簾聽政，卻擔心朝中大臣公開反對，因而鬱鬱不樂。善於揣摩人意的李蓮英看出主子心事，於是靈機一動，想了一個拍馬屁的計策，派人在萬壽寺裡建造一座佛像，然後向慈禧報告說：「聽聞萬壽寺大雄寶殿經常雙佛顯光，這可是吉兆，奴才想請太后移駕前去觀看觀看。」

慈禧非常驚訝，前去看個究竟。在殿前看到三世佛像，並沒有雙佛，正要發火，李蓮英急忙讓慈禧轉到後殿，不料這裡有新建的觀世音菩薩像，而且聚集了朝中文武大臣。慈禧剛轉身過來，就聽李蓮英高喊：「老佛爺駕到！」群臣也跟著跪地高喊。慈禧見狀一下子就領會李蓮英演哪齣戲，也高興地心花怒發，「佛爺」是滿族「曼殊」的轉音，也含有帝王的意思，慈禧當然樂得這個稱號。從此京城內外，全國上下都稱慈禧為「太后老佛爺」。

「老佛爺」此後在歷史上被當作慈禧的專有名詞，看來是李蓮英的「歷史功績」，不愧是稱職的拍馬屁奴才。

光緒五年，李蓮英再次升職為四品太監，擔任儲秀宮四品花翎總管，這可是太監品級中的最高級別。光緒帝此時相當於傀儡，主子老佛爺幾乎獨攬大權，水漲船高，身邊的李蓮英也跟著地位顯赫，非比尋常。他不僅可以與大清皇宮太監總頭目分庭抗禮，平起平坐，再有老佛爺的撐腰，甚至也令其忌憚三分。

李蓮英與慈禧朝夕相處的時間一久，主僕兩人之間的感情就非常曖昧，慈禧在政治上是位獨裁者，但在生活中卻是個寂寞的老女人。多年以來，身邊的丫鬟、太監換過許多，李蓮英卻始終沒有被辭退，甚至一刻都離不開他。據記載，慈禧在西苑和頤和園居住；在飯後無聊時，就經常傳話給李蓮英：「蓮英啊！咱們遛彎去呀！」甚至有時李蓮英陪著慈禧長談養生之道直到凌晨深夜，從這些日常生活看出，似乎兩人成為了一對「老伴」。

但是，稍微讓人困惑的是，李蓮英儘管受到慈禧的無比寵幸，卻再也沒有升到清宮太監大總管一職，當然也有可能是因為慈禧擔心李蓮英當了總管，事務繁多，跟自己相處的機會就少了，故而才沒有讓他掌管總務。不過光緒二十年，李蓮英卻被慈禧破例賞戴二品頂戴花翎，實際上就是賜予他二品官階的榮譽。對於太監，這是整個清朝從來沒有過的先例，可見李蓮英在慈禧心中的地位。

當然，一個太監職位如此之高，必然引起朝野上下各種輿論的不滿，儘管李蓮英尚未做出違法行為。光緒十二年，慈禧派醇親王去檢閱北洋海軍。醇親王是光緒的父親，為了避免太后猜忌，主動請求讓慈禧的心腹李蓮英做為隨從、做為途中的見證人。李蓮英跟隨醇親王閱兵，遭到檢察院朱一新的彈劾批評，說他妄自尊大，私自濫交地方官，並且暗地收受賄賂，應該依法處罰。不過李蓮英向來做事謹慎，並沒有露出任何馬腳，沒有把柄和證據讓人抓住，因而在慈禧的親自調查下，朱一新反倒被貶職。

可見，李蓮英的精明經常使自己立於不敗之地。中日甲午戰爭爆發，北洋水師一敗塗地。社會輿論不敢言慈禧之過，紛紛把矛頭指向李鴻章，順便也包括李蓮英，說他與北洋海軍暗中來往，互相庇護。不過對於李蓮英的指控，並沒有找到有力證據，慈禧也樂於將這些抨擊當作謠傳，沒有處罰「被告者」，李蓮英毫髮未損。

對於李蓮英的干涉朝政，這項指控沒有找到具體確鑿證據，但是他敲詐、勒索、貪財、受賄，卻被人抓到了把柄。八國聯軍攻入京城時，慈禧攜帶光緒帝倉皇出逃，途經山西，太后的日常用度都是靠地方財政，隨從的太監趁機勒索，中飽私囊。李蓮英做為太監總管，自然更少不了，而且「胃口」大開，甚至還敲詐朝中一些辦事官員，每次採辦御用物品都是他「賺錢」的機會。

當然，對於李蓮英的貪污敲詐這類勾當，精明的慈禧不可能不知道，只不過在她眼裡，這些都不過是「小兒科」，只要是李蓮英嚴重的犯罪紀錄，對他也就睜一隻眼、閉一隻眼。所以，李蓮英才能經常違法卻安然無恙。

李蓮英還得用心思去處理另一件事，慈禧與光緒帝並不屬於同一陣營，那麼對於這兩位上司，李蓮英似乎站在慈禧這邊，但是皇帝的命令他也不得不聽，李蓮英就乖巧地變成牆頭草，兩邊倒，才使自己沒有擠在兩塊夾板之間，成為「風箱裡的老鼠」，從而在兩個陣營遊刃有餘地來回蹦騰，得以自我保全。慈禧不但誇他精明能幹，連光緒帝也天真地稱他「忠心事主」，殊不知這是個十足兩面的傢伙。

戊戌變法前後，李蓮英似乎看到光緒帝的魄力，因而變得更加謹慎，不再過於傾向行將入土的慈禧老太后，慈禧也就逐漸對他疏遠。變法失敗後，光緒帝被軟禁起來，李蓮英趕緊明智地提出退休申請，不過沒有得到允許。

當慈禧與光緒帝先後死去，李蓮英做完最後一項差事——皇家喪禮之後，就正式辭職退休，結束了自己半個世紀的宮廷生涯，回老家安度晚年。幸運的是，這位清廷忠實的奴才，沒有親眼看到大清帝國的滅亡。因為在一九一一年冬天辛亥革命爆發前夕，他就瞑目而逝了。

太監大多出身貧賤，很多是因為生活所迫而走上斷絕子嗣之路的。他們一到年老力衰，失掉服役能力之後，被驅逐出宮。在封建社會，家族中出了一個不男不女的「公公」，是整個家族的恥辱，甚至沒有資格入祖墳。有鑑於此，太監大多在年輕時便積蓄錢財，購房置地或捐錢給寺院，以備晚年勉強有個棲身之所。

清朝除了極少數立有特殊功勳的太監，可以在宮中榮養外，按規定，年老或生病的必須離開皇宮。一些上層太監透過貪污受賄、敲詐勒索以及賞賜等各種管道斂聚大量錢財，出宮之後自是衣食無憂。

李蓮英就曾在家鄉置地三十六頃，珠寶金銀不計其數，還在北京購置房產七、八處。他死後，四個繼子除每人都分得白銀四十萬兩外，又各分得珠寶一大口袋，其他各房姪子分得二十萬兩，兩個女兒也各分得現銀十七萬兩。

據說，晚年李蓮英出宮後有很多傳聞和民間軼事。最離奇的說法是，李蓮英自知以前得罪了不少人，出宮後極度低調，深居簡出，在豐厚的退休金下以求安享晚年，不過最終還是被仇家暗殺於後海附近。

這個消息聽來似乎不可靠，在他死時，朝廷專門給這位太監撥款一千兩，為他修建了豪華陵墓。

這樣一位身分顯赫的太監墳墓，自然成為了盜墓賊的目標。可是當盜墓賊打開他的棺材時，發現其軀體不知所蹤，只剩下一個頭顱。這個證據至少說明李蓮英並不是正常死亡，但也無人知道他的真正死因。

李蓮英不算大惡的太監，但卻也是臭名昭著的一個太監，似乎「得益於」他與臭名昭著的主子慈禧之間親密的關係吧！

國家圖書館出版品預行編目資料

天子的家奴／楊書銘編著.
－－第一版－－臺北市：宇河文化 出版；
紅螞蟻圖書發行，2014.04
面　公分－－(Discover；31)
ISBN 978-957-659-962-0（平裝）

1.宦官　2.中國史

573.515　　103004511

Discover 31
天子的家奴
作　　者／楊書銘
發 行 人／賴秀珍
總 編 輯／何南輝
責任編輯／韓顯赫
校　　對／周英嬌、吳育禎、賴依蓮
美術構成／Chris' office
出　　版／宇河文化出版有限公司
發　　行／紅螞蟻圖書有限公司
地　　址／台北市內湖區舊宗路二段121巷19號（紅螞蟻資訊大樓）
網　　站／www.e-redant.com
郵撥帳號／1604621-1　紅螞蟻圖書有限公司
電　　話／(02)2795-3656（代表號）
傳　　真／(02)2795-4100
登 記 證／局版北市業字第1446號
法律顧問／許晏賓律師
印 刷 廠／卡樂彩色製版印刷有限公司
出版日期／2014年 4 月　第一版第一刷

定價 250 元　港幣 83 元

ISBN 978-957-659-962-0　　Printed in Taiwan